Stefanie Kessler
Michaela Quente
Heike Schwering
Jakob Tetens

Soziale Organisationen managen

Eine praxisorientierte Einführung für Studierende

Verlag Barbara Budrich
Opladen & Toronto 2024

Die Autor*innen:

Prof. Dr. Stefanie Kessler,
IU Internationale Hochschule / Duales Studium, Hannover
Prof. Dr. Michaela Quente,
IU Internationale Hochschule/Duales Studium, Dortmund
Prof. Dr. Heike Schwering,
IU Internationale Hochschule/Duales Studium, Münster
Prof. Dr. Jakob Tetens,
IU Internationale Hochschule/Duales Studium, Bremen

Bibliografische Information der Deutschen Nationalbibliothek
Die Deutsche Nationalbibliothek verzeichnet diese Publikation in der Deutschen Nationalbibliografie; detaillierte bibliografische Daten sind im Internet über https://portal.dnb.de abrufbar.

Gedruckt auf FSC®-zertifiziertem Papier. CO_2-kompensierte Produktion
Printed in Germany

www.budrich.de

utb-Bandnr.	**6318**
utb-ISBN	**978-3-8252-6318-8**
utb-e-ISBN	**978-3-8385-6318-3 (PDF)**
DOI	**10.36198/9783838563183**

Online-Angebote oder elektronische Ausgaben sind erhältlich unter www.utb-shop.de.

Druck: Elanders Waiblingen GmbH, Waiblingen
Lektorat: Dr. Andrea Lassalle, Berlin – andrealassalle.de
Satz: Michaela Moreels, Dillingen
Umschlaggestaltung: siegel konzeption | gestaltung
Titelbild: Sabine Zimmermann

utb 6318

Eine Arbeitsgemeinschaft der Verlage

Brill | Schöningh – Fink · Paderborn
Brill | Vandenhoeck & Ruprecht · Göttingen – Böhlau · Wien · Köln
Verlag Barbara Budrich · Opladen · Toronto
facultas · Wien
Haupt Verlag · Bern
Verlag Julius Klinkhardt · Bad Heilbrunn
Mohr Siebeck · Tübingen
Narr Francke Attempto Verlag – expert verlag · Tübingen
Psychiatrie Verlag · Köln
Ernst Reinhardt Verlag · München
transcript Verlag · Bielefeld
Verlag Eugen Ulmer · Stuttgart
UVK Verlag · München
Waxmann · Münster · New York
wbv Publikation · Bielefeld
Wochenschau Verlag · Frankfurt am Main

Inhaltsverzeichnis

THINK ABOUT before reading:

Soziale Organisationen sind vielen Studierenden bereits vor dem Start in das Studium aus Praxis und Theorie bekannt. Sei es durch das Absolvieren eines Freiwilligen Sozialen Jahres, Vorpraktika, den Bundesfreiwilligendienst, eine Honorartätigkeit, in der Arbeit als Ehrenamtliche:r oder durch Printmedien, Internet etc.

Selbstverortung: Aus welchem Zusammenhang kennen Sie Soziale Organisationen?

Einleitung

Was tun, wenn ein Buch zum Management Sozialer Organisationen entstehen soll, dass *dünn* genug ist, um tatsächlich und bestenfalls gern gelesen zu werden, und dennoch *dick* genug, um inhaltlich überzeugen zu können? Oder anders formuliert: Wie gelingt Qualität bei angemessener Quantität? Das Konzept dieses Lehrbuchs ist die Antwort auf diese Frage; es bietet *Durchblick durch Überblick* in Bezug auf die wesentlichen Themen des Managements Sozialer Organisationen. Vergleichbar mit dem Anspruch an ein gutes Referat, geht es darum, auf wenigen Folien eine Essenz zu generieren, mit dem Mut zur Lücke und der subjektiven Präferenz für bestimmte Inhalte. Letztere haben sich vier praxiserfahrende Lehrende (und immer auch Lernende) gestattet, ohne damit einen Anspruch auf vollständige Bearbeitung des weiten Feldes des Sozialmanagements erheben zu wollen, einerseits. Andererseits fiel die Auswahl auf Basis einer Vorstellung davon, was angehende Fachkräfte benötigen, um das eigene Handeln und die eigene Haltung gut verorten zu können. Schließlich steckt in Haltung das Wort Halt. Ein solides Wissen über das Managen Sozialer Organisationen kann dazu beitragen, sich gehaltener zu fühlen.

(Angehende) Fachkräfte benötigen einen *Überblick* über den Aufbau einer Organisation und ihrer Abläufe sowie über die Vielfalt der Trägerstrukturen in der Sozialen Arbeit. (Angehende) Fachkräfte brauchen gleichzeitig *Durchblick*, um den betrieblichen und personenbezogenen Bereich Sozialer Organisationen und darüber hinaus die Rahmenbedingungen, Gesetzgebungen, Netzwerke und Kooperationen besser zu verstehen. Diese Orientierung hilft, das eigene Handeln in Organisationen zu reflektieren, Zusammenhänge zu erkennen und dieses Wissen auch den Adressat:innen vermitteln zu können, da ihnen deren Aufbau und Struktur oft unbekannt sind. Informierte Mitarbeitende können sich aktiv und konstruktiv-kritisch in die Entwicklungen ihrer Organisation einbringen. Dies wiederum ist angesichts der immer komplexeren Situation in sozialen Einrichtungen wichtiger denn je. Und schließlich: auch die Führungskräfte profitieren von informierten und mitdenkenden Mitarbeitenden.

Handelnde Menschen in Sozialen Organisationen sehen sich stets mit Vergangenheit, Gegenwart und Zukunft konfrontiert. Vor diesem Hintergrund befasst sich dieses Buch nicht nur mit etabliertem Wissen und Erkenntnissen von gestern und heute, sondern blickt auch in die Soziale Organisation von morgen: Wie kann sie geleitet werden und wie können Themen wie Fehlerprofessionalität, Digitalisierung, Diversitäts- und Machtsensibiliät, Nachhaltigkeit, Sozialunternehmertum sowie soziale Innovationen in die Prozesse integriert werden? Die an dieses Buch anknüpfenden *Podcasts* mit Expert:innen aus der Praxis sind als Brücke zwischen Theorie und Praxis zu sehen, um diese Prozesse zu erkennen, zu verstehen und schließlich auch mitgestalten zu können. Die Podcastfolgen zu den jeweiligen Kapiteln stehen online zum kostenlosen Download zur Verfügung: https://www.utb.de/doi/book/10.36198/9783838563183

Wir wünschen viel Freude und Wissenserweiterung beim Lesen und Lauschen!

Danke

Dieses Buch ist nicht nur das Ergebnis unserer Arbeit, sondern auch der vielen Menschen, die uns mit ihrem Wissen und ihrer Expertise zur Seite standen. Dazu gehören die Studierenden, die durch ihre Beiträge in den Lehrveranstaltungen und Forschungsarbeiten immer wieder neue Impulse, Anregungen und Perspektiven geben sowie die Führungskräfte aus Sozialen Organisationen, die hilfreiches-Feedback durch ihren Austausch mit uns bereitstellen. Der wertvolle Input und die kritischen Rückmeldungen haben dazu beigetragen, dass wir theoretische Ansätze mit den alltäglichen Herausforderungen in der Praxis verbinden konnten.

Ein großer Dank geht an die Podcastgäste. Ihre Beiträge und Einblicke bereichern jedes Kapitel mit wertvollen praktischen Erfahrungen.

Ein Dankeschön geht sowohl an Noria Welle für das Korrekturlesen, ihren scharfen Blick und ihre Geduld als auch an den Verlag Barbara Budrich und dessen Mitarbeitende für die Begleitung unseres Buchprojekts.

1 Organisationslandschaft Soziale Arbeit

Willkommen zum ersten Kapitel dieses Buches, in dem wir einen Blick auf die Geschichte der Sozialen Arbeit werfen. Von den Anfängen der Professionalisierungsphase bis hin zu den vielfältigen Handlungsfeldern, die heute existieren, hat sich die Soziale Arbeit in vielerlei Hinsicht verändert; insbesondere im Kontext ihrer Ökonomisierung. Kenntnisse hierüber sind von zentraler Bedeutung, sie können uns helfen, unser eigenes Handeln innerhalb der Sozialen Arbeit besser zu verstehen und Einblicke in die Komplexität des aktuellen Zustands zu gewinnen. Darüber hinaus ermöglicht uns ein Verständnis der Geschichte, die Gegenwart klarer zu sehen und zu verstehen.

THINK ABOUT before reading:

- Warum ist es für Fachkräfte in der Sozialen Arbeit bedeutend, sich mit der historischen und aktuellen Entwicklung ihres Berufsfeldes zu beschäftigen?
- Welche Gedanken oder Bilder kommen Ihnen in den Sinn, wenn Sie den Begriff „Wohlfahrtsverbände“ hören?
- Was verbinden Sie mit dem Ausdruck „Träger der Sozialen Arbeit“?

1.1 Entwicklung der professionellen Sozialen Arbeit – oder: Wie alles begann

Soziale Arbeit war traditionell Aufgabe der Kirchen. Ab der zweiten Hälfte des 19. Jahrhunderts beginnt die Professionsgeschichte der Sozialen Arbeit, sprich die beginnende Verberuflichung der unterschiedlichen Entwicklungslinien Sozialarbeit und Sozialpädagogik (bis in die 1990er Jahre waren beide voneinander getrennt). Ihre Entstehung ist eng verknüpft mit der Auseinandersetzung über die Verhältnisse von Arbeit und Armut, die Verteilung der gesellschaftlich verfügbaren Ressourcen (Sozialarbeit) und dem Blick auf Bildung, Erziehung und Sozialisation (Sozialpädagogik).

Industrialisierung und Entwicklung der Wohlfahrtsverbände

Die Geschichte der Sozialen Arbeit ist in Deutschland eng mit einem christlich-religiösen Kontext verbunden, denn die Soziale Arbeit geht aus der Armenfürsorge hervor. Dies ist ein Grund dafür, warum auch heute viele Sozial-, aber auch Pflegeeinrichtungen in konfessioneller Trägerschaft liegen.

Soziale Hilfstätigkeit wird zunächst nicht als Beruf entworfen, sondern vielmehr als Konzept ehrenamtlichen öffentlichen Handelns. Im Jahr 1848 gibt der Theologe Hinrich Wichern (1808–1881) den Anstoß zur Gründung der Diakonie, die heute als ältester Verband der freien Wohlfahrtspflege gilt. Es folgt die Gründung weiterer Spitzenverbände der Freien Wohlfahrtspflege, die bis heute ein wichtiger Bestandteil der Sozialen Arbeit sind: Arbeiterwohlfahrt (AWO), Deutscher Caritasverband (DCV), Deutsches Rotes Kreuz (DRK), Zentralwohlfahrtsstelle der Juden in Deutschland (ZWST). Der jüngste Verband, der Paritätische Gesamtverband (Der Paritätische), wurde im Jahr 1924 unter dem Namen Vereinigung der freien privaten gemeinnützigen Wohlfahrtseinrichtungen Deutschlands e.V. (Mund 2019: 145ff.) gegründet. Die Muslime Deutschlands sind bislang mit keinem Verband in der Liga der freien Wohlfahrtspflege vertreten (Ceylan/Kiefer 2016: 142).

Beginn der Verberuflichung Sozialer Arbeit

Mitte des 19. Jahrhunderts kommt es zum Aufbau der Sozialversicherung. Die Grundlage hierfür wird vom damaligen Reichskanzler Otto von Bismarck gelegt. Damit verbunden ist die zunehmende Institutionalisierung und staatliche Verantwortungsübernahme für die Leistungen der Sozialen Arbeit (Mund 2019: 11). Als ein wichtiger Teil der sozialen Sicherung besteht die Sozialversicherung heute aus der gesetzlichen Krankenversicherung, der gesetzlichen Rentenversicherung, der gesetzlichen Unfallversicherung, der gesetzlichen Arbeitslosenversicherung und der gesetzlichen Pflegeversicherung.

Für die Soziale Arbeit beginnt ab dem 20. Jahrhundert die Zeit der Verberuflichung (Professionalisierung). Eine tragende Rolle kommt dabei Alice Salomon zu, die als Begründerin des sozialen Frauenberufs bzw. als Vertreterin professioneller Wohlfahrtspflege gilt. Im Jahr 1908 gründete Salomon in Berlin-Schöneberg die erste Soziale Frauen- und Mädchenschule, die heutige Alice Salomon Hochschule (heute in Berlin-Hellersdorf ansässig).

Bereits 1906 konnte Salomon in ihrer Dissertation nachweisen, dass ungleiche Löhne durch die vorhandenen Gesetzmäßigkeiten eines freien und unkontrollierten, an ökonomischen Prinzipien ausgerichteten Gesellschaftssystem entstanden (Braches-Chyrek 2013: 235).

Als Protagonist der Sozialpädagogik, die sich stärker an Bildungs- und Erziehungsthemen orientiert, ist der Theologe Carl Mennicke zu nennen. Er war Vorsitzender des Bundes Deutscher Sozialbeamter und gilt als ein „entscheidender Weichensteller für die Konstituierung der Sozialpädagogik zu einem Männerberuf“ (Simon/Wendt 2019: 22).

Abb. 1: Entwicklung zur Sozialen Arbeit

Quelle: Eigene Darstellung

Nationalsozialismus und Nachkriegszeit

Mit der Machtübernahme der Nationalsozialisten im Jahr 1933 beginnt eine Epoche, in der alle Reformbemühungen der Sozialen Arbeit zunichte gemacht werden und der Wohlfahrtsstaat zur Nationalsozialistischen Volkswohlfahrt (NSV) umgebaut wird. Die Soziale Arbeit wird zur Volkspflege und von der nationalsozialistischen Idee geprägt.

In der Nachkriegszeit entwickeln sich die Sozialstaatssysteme in den beiden Teilen Deutschlands, der Bundesrepublik Deutschland (BRD) und der Deutschen Demokratischen Republik (DDR), unterschiedlich. Während in der BRD an die Wohlfahrtsstaatstradition der Weimarer Republik angeknüpft wird, versucht man in der DDR nach dem Vorbild des Sozialstaatskonzeptes der Sowjetunion die individuellen Hilfen so weit wie möglich zugunsten allgemeiner sozialpolitischer Versorgungsstrukturen einzuschränken (Hering/Münchmeier 2015: 110).

Beginn der Professionalisierung an Hochschulen

Der Beginn der gegenwärtigen Professions- und Professionalisierungsdebatte geht einher mit der Einführung von Studiengängen der Sozialarbeit und Sozialpädagogik an Universitäten und damaligen Fachhochschulen.

Im beruflichen Kontext werden die bestehenden Organisationen der Sozialen Arbeit insbesondere ab den 1970er Jahren durch Initiativen und Selbsthilfegruppen von Angehörigen und Betroffenen ergänzt. In diesem Zusammenhang können nur einige Beispiele vorgestellt werden: die sogenannte Krüppelbewegung[1], ein Zusammenschluss behinderter Menschen, die sich für die Rechte von Behinderten einsetzten und dabei öffentlichkeitswirksam dafür plädierten, soziale Benachteiligung von Menschen mit einer körperlichen Behinderung aufzuheben. Auch das Angebot der Le-

1 Der Begriff Krüppelbewegung ist eine selbstermächtigende Selbstbezeichnung, die den ursprünglich diskriminierenden Ausdruck Krüppel bewusst aufgreift und umdeutet.

benshilfe e. V. erweitert ab den 1970er Jahren das Aufgabenspektrum um Arbeitsplätze und Produktionsbereiche für Menschen mit Behinderung. Ab Mitte der 1970er Jahre entstehen in Deutschland erste Frauenhäuser als Schutzorte für gewaltbetroffene Frauen und deren Kinder.

Rationalisierungs- und Modernisierungsprozess in den 1990er Jahren

Leistungen, die in den unterschiedlichen Organisationen der Sozialen Arbeit, wie z. B. Wohngruppen, Kindertagesstätten, Senior:innenheimen etc. erbracht werden, kommen nicht ohne finanzielle Ausstattung und geschultes Personal aus. Der ökonomische Blick wird immer wichtiger und so entstehen bereits in den 1980er Jahren erste Konzepte, die Kurse zum Sozialmanagement entwickeln (Müller-Schöll/Priepke 1983). Die Bestrebungen hin zum Sozialmanagement waren jedoch von großer Skepsis begleitet. Friedrich Vogelbusch spricht von „Berührungsängsten“ (2017), die sich aber im Laufe der Zeit gegeben hätten.

Einschneidend für die Soziale Arbeit ist der politische Umbruch durch das Ende der Sowjetunion, den Fall der Mauer und die Wiedervereinigung beider deutscher Staaten. Christoph Butterwege (2014) beschreibt dies eindrücklich als konkreten Um- bzw. Abbau des Wohlfahrtsstaates. Kennzeichnend für den deutschen Sozialstaat war bis dahin ein System mit dem Staat als Auftraggeber (Finanzier) und gemeinnützigen Trägern als Auftragnehmern. Finanzielle Mittel wurden pauschal an Soziale Organisationen vergeben und häufig ohne große Prüfung verlängert. Dieses Vorgehen wird seit den 1980er Jahren schrittweise ökonomisiert (Wendt 2021: 234).

Es entwickelt sich eine zunehmend betriebswirtschaftliche Sicht auf soziale Dienste und Einrichtungen. Verstärkt wird die Frage einer effektiveren (die richtigen Dinge machen) und effizienteren (die Dinge richtig machen) Gestaltung der Organisationsstrukturen sozialer Träger unter dem Stichwort Sozialmanagement thematisiert (Galuske 2013: 357).

In den öffentlichen Verwaltungen findet ein weitreichender Rationalisierungs- und Modernisierungsprozess statt, der sich auch in den Sozialen Organisationen wiederfindet. Unter dem Oberbegriff Neues Steuerungsmodell (NSM) werden in den Kommunalverwaltungen zahlreiche Reformprozesse durchgeführt. Im Zentrum des neuen Steuerungsmodells steht laut Michael Galuske (2013: 358) das sogenannte Kontraktmanagement, das auf eine höhere Transparenz und Kontrolle der Verwaltung durch die Politik abzielt.

Mit der Reform kommt es zu einer Öffnung der Märkte und zu mehr Wettbewerb (Sturzenhecker 2022: 17). Gab es zuvor pauschal finanzierte einzelne Organisationen, so werden jetzt Märkte für die Leistungen dieser Organisationen geschaffen. Die gemeinnützige GmbH (gGmbH) etabliert sich seither als Organisationsform der Sozialen Arbeit und auch gewerblich-kommerzielle (nicht gemeinnützige) Anbieter erhalten Zugang zu den Sozialen Dienstleistungen.

Leistungsverträge zwischen Kommunen und Sozialen Organisationen werden eingeführt, Wirtschaftlichkeitsprüfungen durchgeführt, ein Qualitätsmanagement entwickelt, Entgeltvereinbarungen zwischen Kommunen bzw. Ländern und weitere betriebswirtschaftlich orientierte Maßnahmen und Konzepte wie Budgetierung, zentralen Ressourcenverantwortung und Berichtswesen (Controlling) werden etabliert.

Ein weiterer Schritt ist im Jahr 1995 die Einführung der sozialen Pflegeversicherung. In diesem neuen Zweig der Sozialversicherung sind die kommunalen, freigemeinnützigen und privaten Träger von Anfang an gleichgestellt. In den späten 1990er Jahren werden ca. ein Drittel aller Krankenhäuser in privatgewerbliche Trägerschaften überführt (Vogelbusch 2016: 600).

1.2 Die heutige Organisationslandschaft der Sozialen Arbeit

Als Soziale Arbeit wird heute eine Fachwissenschaft bezeichnet, die in den 1990er Jahren als Sammelbegriff der Sozialpädagogik und Sozialarbeit eingeführt und erst 2001 durch die Kultusministerkonferenz und die Hochschulrektorenkonferenz als Fachwissenschaft anerkannt wurde (Mennemann/Dummann 2020: 32). Spätestens seit dem Bologna-Prozess (Angleichung der Hochschulsysteme in Europa) im Jahr 1999 haben die Hochschulen ihre Studiengänge zusammengelegt und bezeichnen diese jetzt überwiegend einheitlich als Studium der Sozialen Arbeit auf Bachelor- und Masterniveau (B.A. und M.A. Soziale Arbeit).

Im beruflichen Kontext findet sich heute unter dem Begriff der Sozialen Arbeit ein vielgestaltiger und dynamischer Praxiszusammenhang mit unterschiedlichen Akteur:innen, Trägern und Angebotsformen. Die sehr unterschiedlichen Arbeitsgebiete der Sozialen Arbeit können inhaltlich in ihrer Vielfalt hier nicht dargestellt werden. Stattdessen soll die nachstehende Abbildung einen Überblick über die Organisationslandschaft geben. Die unterschiedlichen Leistungen und Angebote sind ein wichtiger Bestandteil des Sozialstaates.

Abb. 2: Aufgaben- und Trägerstruktur

Arbeitsfelder

Zielgruppen
Kinder, Jugendliche, Senior:innen, Menschen mit körperlicher oder geistiger Behinderung, Menschen in besonderen Lebenslagen (Gewalt, Migration, Obdachlosigkeit, Arbeitslosigkeit, Straffälligkeit, Krankheit, Drogenkonsum)

Angebote
ambulant, teilstationär, stationär, Einzel-, Gruppen- und Stadtteilarbeit

Aufgaben
Aufklärung über Sachverhalte, Begleitung der Adressat:innen im Alltag, Erziehung und Bildung, Soziales Lernen und Training, pflegende und betreuende Tätigkeiten

Ziele
Beratung, Förderung, Integration und Inklusion, Aktivierung

Trägerstruktur

Staatlich (öffentliche) Träger
regional: Jugendamt, Sozialamt, Gesundheitsamt
überregional: Krankenkassen, Bundesagentur für Arbeit, Pflegekassen, Landesjugendämter

Freie gemeinnützige Träger
Wohlfahrtsverbände, Kirchen/Religionsgemeinschaften, Jugendverbände, Selbsthilfeinitiativen, eingetragene Vereine, gemeinnützige GmbH, Stiftungen

Gewerbliche Träger
Träger der Sozialen Arbeit, die nicht den Gemeinnützigkeitsregelungen des Steuerrechts folgen

Fachverbände
Lobbyisten-Organisationen für bestimmte Arbeitsfelder, Trägerübergreifende Kooperations-gremien mit sozialpolitischer Funktion

Träger im weiteren Sinne und ideelle Träger
Schulen, Justizvollzugsanstalten, Kliniken, Berufsverbände, Sozialverbände, Hochschulen

Quelle: eigene Darstellung in Anlehnung an Farrenberg/Schulz 2020: 19; Böttcher/Merchel 2010: 14

Nicht aufgenommen in der Abbildung sind die Personen, die in der Sozialen Arbeit selbständig tätig sind, gemeint sind hier z.B. gesetzliche Berufsbetreuer:innen.

Die Handlungsfelder der Sozialen Arbeit: Kinder- und Jugendhilfe, Soziale Hilfen in besonderen Lebenslagen, Behinderten- und Gesundheitshilfe und Soziale Seniorenhilfe (Farrenberg/Schulz 2020) beschäftigen sich jeweils mit eigenen gesellschaftlichen Aufträgen und wenden sich an verschiedene Zielgruppen mit zum Teil sehr unterschiedlichen Einschränkungen. Soziale Arbeit bewegt sich dabei nicht selten im Spannungsverhältnis zwischen Allzuständigkeit und Spezialisierung.

IN A NUTSHELL: Organisationslandschaft Soziale Arbeit

In der Professionalisierungsphase der Sozialen Arbeit ab dem 19. Jahrhundert entstanden erste Strukturen, die sich mit der Zeit hin zu einem differenzierteren Verständnis für die Zielgruppen, Angebote und Aufgaben der unterschiedlichen Handlungsfelder entwickelten. Heute umfasst das Sozialmanagement ein breites Spektrum von Aufgaben, die darauf abzielen, Soziale Organisationen effektiv zu leiten und sozialen Wandel positiv zu beeinflussen.

Literatur zur Vertiefung

Farrenberg, Dominik/Schulz, Marc (2020): Handlungsfelder Sozialer Arbeit. Eine systematische Einführung. Weinheim/Basel: Beltz Juventa.

Mund, Petra (2019): Grundkurs Organisation(en) in der Sozialen Arbeit. München: Ernst Reinhardt Verlag

Quellen

Braches-Chyrek, Rita (2013): Jane Addams, Mary Richmond und Alice Salomon. Professionalisierung und Disziplinbildung Sozialer Arbeit. Opladen/Berlin/Toronto: Verlag Barbara Budrich.

Butterwege, Christoph (2014): Krise und Zukunft des Sozialstaates. Wiesbaden: Springer VS. 4. Aufl.

Ceylan, Rauf/Kiefer, Michael (2016): Muslimische Wohlfahrtspflege in Deutschland. Eine historische und systematische Einführung. Wiesbaden: Springer VS.

Farrenberg, Dominik/Schulz, Marc (2020): Handlungsfelder Sozialer Arbeit. Eine systematische Einführung. Weinheim/Basel: Beltz Juventa.

Galuske, Michael (2013): Methoden der Sozialen Arbeit. Eine Einführung. Bearbeitet von Karin Bock und Jessica Fernandez Martinez. Weinheim/Basel: Beltz Juventa. 10. Aufl.

Hering, Sabine/Münchmeier, Richard (2015): Geschichte der Sozialen Arbeit. In: Thole, Werner/Höblich, Davina/Ahmed, Sarina (Hrsg.) 2(2015): Taschenwörterbuch Soziale Arbeit. Bad Heilbrunn: Verlag Julius Klinkhardt, S. 108–110.

Klatetzki, Thomas (2018): Soziale Arbeit in Organisationen: Soziale Dienste und Einrichtungen. In: Graßhoff, Gunther/Renker, Anna/Schöer, Wolfgang (Hrsg.): Soziale Arbeit. Eine elementare Einführung. Wiesbaden: Springer VS, S. 457–470.

Mennemann, Hugo/Dummann, Jörn (2022). Einführung in die Soziale Arbeit. Baden-Baden: Nomos. 4. Aufl.

Müller-Schöll, Albrecht/Priepke, Manfred (1983): Sozialmanagement: Zur Förderung systematischen Entscheidens, Planens, Organisierens, Führens und Kontrollierens in Gruppen. Braunschweig: Verlag Moritz Diesterweg.

Mund, Petra (2019): Grundkurs Organisation(en) in der Sozialen Arbeit. München: Ernst Reinhardt Verlag.

Simon, Titus/Wendt, Peter-Ulrich (2019): Lehrbuch Soziale Gruppenarbeit. Eine Einführung. Weinheim/Basel: Beltz Juventa.

Sturzenhecker, Martin/Nagorny-Wittig, Gabriele/Kunkel, Sarah/Andrä, Roman/Amerein, Bärbel. (2022): Sozialmanagement. Organisation, Leitung und Management sozialer Einrichtungen. Haan-Gruiten: Verlag Europa Lehrmittel. 2. Aufl.

Vogelbusch Friedrich (2018): Management von Sozialunternehmen. Eine Einführung in die Allgemeine Betriebswirtschaftslehre mit Praxisbeispielen. München: Verlag Franz Vahlen.

Wendt, Peter-Ulrich (2021): Lehrbuch Soziale Arbeit. Weinheim/Basel: Beltz Juventa. 2. Aufl.

Wöhrle, Armin (2018). Sozialmanagement. In: Böllert, Karin (Hrsg.): Kompendium Kinder- und Jugendhilfe. Wiesbaden: Springer VS, S. 1095–1109.

2 Soziale Organisationen managen

In diesem Kapitel werden wir uns eingehend mit der Definition und Abgrenzung des Begriffs Soziale Organisation beschäftigen. Auch Unterschiede zu einem erwerbswirtschaftlichen Unternehmen werden dabei beleuchtet. Schlüsselbegriffe dieses Abschnitts sind Organisation und Management sowie Institution und Träger.

THINK ABOUT before reading:

- Kann eine Organisation sozial sein?
- Was fällt Ihnen zum Begriff Institution ein?
- Auf welchen Ebenen findet Management in Sozialen Organisationen statt?

2.1 Soziale Organisationen – was ist eigentlich sozial?

Wie wird der Begriff Soziale Organisation definiert und wie unterscheidet sie sich von einem erwerbswirtschaftlichen Unternehmen? Die Betrachtung der Bedeutung von „sozial" bildet eine Grundlage für das Verständnis von Sozialen Organisationen. Das Adjektiv hat seinen Ursprung im lateinischen *socialis* und bedeutet soviel wie gesellig, gesellschaftlich. Es beschreibt alles, was mit menschlichen Beziehungen, Interaktionen und Gemeinschaften zu tun hat. Dies kann laut Duden bezogen sein auf die menschliche Gemeinschaft, die Gesellschaft und besonders ihre ökonomische und politische Struktur betreffen (z. B. sozialer Fortschritt), oder sozial bezeichnet die Zugehörigkeit des Menschen zu einer der verschiedenen Gruppen innerhalb der Gesellschaft (z. B. die soziale Stellung).

Leistungen Sozialer Arbeit werden in und durch Organisationen erbracht. Thomas Klatetzki (2018) definiert den Begriff

Organisation als ein „kollektives Handlungssozialsystem“, das in modernen Gesellschaften auf der Basis von Recht gegründet und durch Recht reguliert wird. Weiter beschreibt Klatetzki eine Organisation als auf Dauer angelegten Zusammenschluss von Personen, der einen überindividuellen Zweck verfolgt und dessen Bestand vom Wechsel der Mitglieder unabhängig ist (2018: 459). Auf der einen Seite sind Organisationen unabhängig von einem Wechsel der Mitglieder, auf der anderen Seite verbinden Organisationen Menschen in unterschiedlichen Rollen. Dies können z. B. sein: Leitung, Sachbearbeitung, Hilfstätigkeiten, Sachmittel (Gebäude, Ausstattungen) und Regeln für die Aufgabenerledigung (diagnostisches Vorgehen, Aktenführung, Arbeitszeiten, Kommunikationswege, Konzepte, Methoden), um mehr oder weniger dauerhaft einen klar definierten Zweck zu verfolgen (Bieker/Niemeyer 2022: 15).

Dieses Lehrbuch verwendet den Begriff Soziale Organisation als Eigennamen für Organisationen. Die Autoren Julian Löhe und Philipp Aldendorf (2022: 12) gehen darauf ein, dass nicht jede Organisation sozial ist und diese Zuschreibung mit der Perspektive der Bewertung stark unterschiedlich ausfallen kann. Die Bezeichnung Soziale Organisation bezieht sich auf eine Gruppe von Personen, die aufgrund bestimmter Regeln, Normen und Strukturen miteinander verbunden sind, wie zum Beispiel eine gemeinnützige Organisation oder ein Wohlfahrtsverband. Auch in Sozialen Organisationen müssen die Erwerbstätigen entlohnt sowie Gebäude, Räume und Sachmittel bezahlt werden.

Laut Klatetzki sind Organisationen der Sozialen Arbeit keine Wirtschaftsunternehmen, die „der Mehrung materiellen Reichtums dienen“ (2018: 457). Nach Michael Galuske (2013: 359) handelt es sich im Gegensatz zu erwerbswirtschaftlichen Organisationen im Bereich der Sozialen Organisation um bedarfswirtschaftliche Organisationen. Sie sind durch nichtschlüssige Tauschbeziehungen gekennzeichnet, d. h., die Adressat:innen[2] sind nicht

2 In diesem Lehrbuch nutzen wir verschiedene Begriffe zur Bezeichnung der Menschen, die die Dienste der Sozialen Arbeit in Anspruch nehmen. Der Begriff ‚Adressat:innen‘ wird verwendet, um die Personen zu bezeichnen,

in allen Fällen bzw. nicht überwiegend Bezahler:innen der eigentlichen Leistungen.

Im Unterschied zu erwerbswirtschaftlichen Unternehmen müssen sich Soziale Organisationen, um erfolgreich zu sein, nicht nur an den Bedürfnissen der Adressat:innen bzw. unmittelbaren Kund:innen (Käufer:innen) orientieren. Der Erfolg ist davon abhängig, wie gut sie die Erwartungen auch derjenigen Anspruchsgruppen berücksichtigen, die die Rahmenbedingungen schaffen und zur Legitimierung des Angebots führen (Staat, Kostenträger, Kommune, aber auch Vereinsmitglieder, Zuschussgeber:innen und Spender:innen).

Beispiel

Die Leistungsberechtigten (z. B. Erziehungsberechtigte auf der Suche nach einem Kitaplatz) wählen im Rahmen ihres Wunsch- und Wahlrechts einen Kita-Platz für ihr Kind/ihre Kinder aus. In unserem Beispiel eine Kindertagesstätte in Trägerschaft einer Elterninitiative (Leistungserbringer). Aus dem (gegenüber der Kommune) bestehenden Rechtsanspruch der Leistungsberechtigten folgt die Pflicht der Kommune zur anteiligen Übernahme der Kosten (Entgeltübernahme). Der Inhalt und die Höhe des Entgelts für die Leistung sowie die Qualitätsentwicklung wird in Vereinbarungen zwischen dem Leistungsgewährer (Kommune) und dem örtlichen Träger (hier Elterninitiative) vereinbart und ist im Fall der Inanspruchnahme durch die Leistungsberechtigten verbindlich zu zahlen. Die Leistungsberechtigten (Erziehungsberechtigte) können nur im Rahmen ihrer Leistungsfähigkeit (Anteil Elternbeitrag) an den Kosten beteiligt werden.

---

die angesprochen werden, während der Begriff ‚Klient:innen' die Personen bezeichnet, die die Angebote nutzen. Der Begriff ‚Zielgruppe' kennzeichnet einen ähnlichen Personenkreis. Es ist zu beachten, dass die Begriffe variieren, um den spezifischen Kontext und die damit verbundene Perspektive und auch verwendete Fachsprache treffend wiederzugeben.

Abb. 3: Sozialrechtliches Leistungsdreieck

Leistungsempfänger/Leistungsberechtigte
nimmt die Leistung entgegen
(Kinder und Erziehungsberechtigte einer Kita)

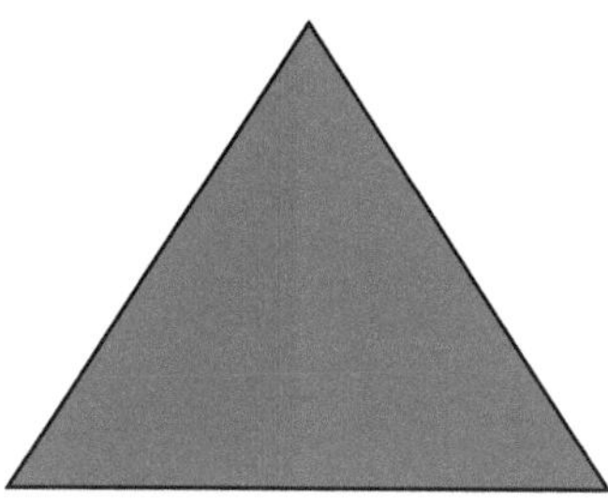

Leistungserbringer
bietet die Leistung an
(Kita in Trägerschaft einer Elterninitiative)

Leistungsgewährer
bewilligt die Leistung
(städt. Jugendamt einer Kommune)

Quelle: eigene Darstellung

Im Weiteren kann die leistungserbringende Institution nicht unabhängig von ihrem Träger agieren (Stichwort: große Verbände). Die Kommune als leistungsgewährende Instanz ist in ihrem Tun abhängig von anderen Instanzen (wie z. B. gewählte politische Gremien-Haushaltshoheit, öffentliche Meinung). Die Angebote der Leistungserbringer beziehen sich überwiegend auf gesetzlich definierte Leistungen, die in den verschiedenen Sozialgesetzen beschrieben sind. Die Leistungsempfänger:innen, sprich die Adressat:innen der Leistungen, im obigen Beispiel die Kinder und Erziehungsberechtigten, stehen nicht allein. Sie sind in ein soziales Umfeld eingebunden.

Ein weiterer Unterschied zu erwerbswirtschaftlichen Unternehmen besteht darin, dass in den Sozialen Organisationen zu einem nicht unerheblichen Teil ehrenamtlich Tätige und Freiwillige eingebunden sind wie z. B. bei der Tafel Deutschland e. V., einer der größten ehrenamtlichen Bewegungen. Sie bilden die Basis für viele Vereine und Initiativen. Neben dem Organisieren und Begleiten von Veranstaltungen übernehmen sie zum Teil auch leitende

Positionen, z. B. als ehrenamtliches Vorstandsmitglied in Vereinen oder Stiftungen.

Träger und Institutionen der Sozialen Arbeit

Im Kontext des Managements Sozialer Organisationen spielen Begriffe wie Träger und Institutionen eine wichtige Rolle. *Institutionen* können als allgemeine Einrichtungen, die eine gesellschaftliche Funktion erfüllen, betrachtet werden. Dabei geht es nicht um die einzelne Einrichtung, sondern z. B. um Schulen, die für die Gesellschaft einen Bildungs- und Erziehungsauftrag erfüllen. Institutionen sind allgemein dauerhaft existierende Strukturelemente einer Gesellschaft, die das Zusammenleben der Gesellschaftsmitglieder lenken und entlasten. Beispiele hierfür sind: Ehe, Familie, Religion, Justiz etc. Die *Träger* können, wie bereits in Kapitel 1 (siehe Abbildung 2) dargelegt, im engeren und erweiterten Sinn definiert werden (Bieker/Niemeyer 2022: 14ff.)

Abb. 4: Träger im engeren und weiteren Sinn

Träger im engeren Sinne	Träger im weiteren Sinne
• Bund und Länder als Gesetzgeber und Finanziers • Leistungsträger nach dem Sozialgesetzbuch (z. B. Jugendamt als öffentlicher Träger der Jugendhilfe) • öffentliche und private Leistungserbringer	• Berufsverbände • Sozialverbände • Selbsthilfeorganisationen • Hochschulen u. a. als ideelle Träger

Quelle: eigene Darstellung

In diesem Zusammenhang soll hier auf das *Prinzip der Subsidiarität* hingewiesen werden. Darunter ist zu verstehen, dass die gesellschaftlich kleinere Einheit (z. B. Familie oder Nachbarschaft) bei der Wahrnehmung von Aufgaben Vorrang vor der nächstgrößeren Einheit hat, soweit dies möglich und sinnvoll ist. Subsidiarität bedeutet, dass bestimmte Aufgaben durch die unmittelbare Staatsverwaltung im eigenen Wirkungskreis selbst wahrgenommen, andere jedoch übertragen werden, z.B. auf freie gemeinnützige (z.B. Elterninitiative) oder gewerbliche Träger (z.B. Pflegedienst). Das Prinzip der Subsidiarität bekommt im Kinder- und Jugendhilfegesetz (KJHG) und im Bundessozialhilfegesetz (BSHG) praktische Bedeutung, weil zum Beispiel das Jugendamt und das Sozialamt notwendige Hilfe nicht selbst erbringen, wenn freie Träger diese Aufgabe übernehmen. Trotz der Öffnung der Sozialen Arbeit auch für gewerbliche Träger stellen die freien (gemeinnützigen) Träger im Kern nach wie vor die Strukturen der Sozialen Arbeit in Deutschland sicher (Wendt 2023: 240).

Beispiel

Die freien gemeinnützigen Träger bieten in der Stadt S. Hilfen für alte Menschen an (Seniorenheime), sie pflegen Kranke (ambulante Dienste) und unterstützen Menschen mit Behinderung (spezielle Wohnformen). Sie halten Angebote für Kinder und Jugendliche sowie für Familien vor (ambulante und stationäre Jugendhilfe). Sie unterstützen junge Menschen in der Ausbildung (Jugendberufshilfe) und beraten Migrant:innen (Migrationsberatung). Der Staat setzt den Rahmen, innerhalb dessen die Träger eigenverantwortlich ihre Dienste anbieten. Erst wenn ein bestimmtes Angebot nicht vorgehalten werden kann, wird die Regelungskompetenz an eine „höhere" Stelle weitergeleitet. In diesem Fall an die Kommune in S., die dann z. B. eine Kindertagesstätte in städtischer Trägerschaft oder eine Erstaufnahmeeinrichtung für Geflüchtete einrichtet.

2.2 Management – planen, organisieren, steuern und entwickeln

Der Begriff des Managements lässt sich aus dem Lateinischen ableiten, *manus* ist die Hand und *agre* bedeutet führen. Management kann somit verstanden werden als „an der Hand führen". Es handelt sich hier um einen Containerbegriff, der eine breite oder unspezifische Kategorie beschreibt. Beispielsweise findet er

Anwendung in Fachgebieten wie dem Eventmanagement, dem Key-Account-Management sowie dem Facilitymanagement, um nur einige ausgewählte Bereiche zu nennen. Nach Armin Wöhrle (2011: 1454) lassen sich die Ursprünge des Managements auf einschneidende Eisenbahnunglücke in den Vereinigten Staaten der 1840er Jahre zurückführen, die eine neuartige unternehmerische Koordination und Steuerung erforderlich machten.

Der Begriff des Managements lässt sich nicht exklusiv auf das betriebswirtschaftliche Management (siehe Kapitel 5) beschränken und damit nicht nur auf erwerbswirtschaftliche Unternehmen beziehen. So definieren Georg Schreyögg und Jochen Koch Management als einen

> […] Komplex von Steuerungsaufgaben, die bei der Leistungserstellung und -sicherung in arbeitsteiligen Organisationen erbracht werden müssen. Diese Aufgaben stellen sich in der Praxis als immer wiederkehrende Probleme dar, die im Prinzip in jeder Leitungsposition zu lösen sind, und zwar unabhängig davon, in welchem Ressort, auf welcher Hierarchieebene und in welcher Organisation sie anfallen (Schreyögg/Koch 2020: 8).

Management findet somit auf verschiedenen Handlungs- und Hierarchieebenen innerhalb und außerhalb von Sozialen Organisationen statt. Dieser Umstand macht deutlich, dass Organisationen der Sozialen Arbeit „nicht nur als Träger und Einrichtungen betrachtet werden dürfen, in denen Menschen geholfen wird, sie therapiert, beraten, gefördert, sozial kontrolliert werden, sondern auch als Betriebe angesehen und gestaltet werden müssen“ (Merchel 2017: 912).

Konkret können gemäß Friedrich Vogelbusch (2017: 6) drei Handlungsebenen des Managements unterschieden werden:

Die Ebene des *normativen Managements* umfasst die Entwicklung eines institutionellen Rahmens, in dem die Soziale Organisation gesteuert werden kann. Zu berücksichtigen sind hier die im Unternehmen tätigen Menschen und die Organisationskultur. Die Organisation muss darüber hinaus angesichts der externen und internen Wandlungen bereit sein, sich ständig weiterzuentwickeln.

Das *strategische Management* entwickelt die mittelfristigen Perspektiven. Wenn eine Struktur geschaffen ist und Entscheidungen zu den Zielen der Sozialen Organisation getroffen wurden, ist für eine gewisse Zeit der Handlungsrahmen vorgegeben.

Das *operative Management* findet innerhalb des gegebenen Rahmens seinen Raum.

Abb. 5: Handlungsebenen des Managements

Ebene	Inhalt der Managementebene
normatives Management	Grundlegende Werte, Ziele und Aufgaben des Unternehmens: • Welches Leitbild soll für die im Unternehmen tätigen Mitarbeiter:innen gelten? • Welche Dienstleistung soll für welche Märkte angeboten werden? • Welche Art und Weise des Miteinanders soll gelten?
strategisches Management	Aus den getroffenen grundlegenden Entscheidungen folgt: • qualitative und grundlegende Entscheidungen über die betriebswirtschaftliche Ausstattung (Personal und Technik) • die Marketingbotschaft • aus der festgelegten Unternehmensstrategie folgen direkt Investitionsentscheidungen (Standort, Unternehmensrechtsreform)
operatives Management	Innerhalb des vorgegebenen Rahmens geht es um die unmittelbare Steuerung des Unternehmens: • unter der Zielstellung einer Wirtschaftlichkeit • Nebenbedingung allen betrieblichen Handelns ist die Sicherung der jederzeitigen Zahlungsbereitschaft (finanzielles Gleichgewicht)

Quelle: eigene Darstellung in Anlehnung an Vogelbusch 2017: 6

Während die Ziele eines erwerbswirtschaftlichen Unternehmens Gewinnmaximierung und Wachstum sind, steht in Sozialen Organisationen die Dienstleistung an den Adressat:innen im Vordergrund. Nach Martin Sturzenhecker et al. (2022) umfasst das

Management Sozialer Organisationen das Planen, Organisieren, Steuern und Entwickeln von sozialen Dienstleistungen. Es geht dabei darum, diese Dienstleistungen auf dem Markt der sozialen Arbeit zu positionieren. Darüber hinaus umfasst es auch die Leitung und Verwaltung von Organisationen oder Einrichtungen sowie Unternehmen, die in der Sozialwirtschaft tätig sind. Dazu zählen zum Beispiel Non-Profit-Organisationen, Wohlfahrtsverbände, Jugendämter und Vereine (Sturzenhecker et al. 2022: 12).

Die Fachkräfte in der Sozialen Arbeit leisten personenbezogene Dienstleistungen, die vor allem in Form von Unterstützungs- und Beratungsleistungen erbracht werden. Grundlegend sind hier die Merkmale: *Immaterialität* (d.h., die Dienstleistung, z.B. eine Beratung, kann nicht angefasst werden), *Integration eines externen Faktors* (d.h., dass die Beratung und Unterstützung direkt am und mit dem Menschen als sogenannte Koproduktion erbracht wird) und das *Uno-actu-Prinzip* (Löhe/Aldendorf 2022: 23). Letzteres bedeutet, dass Dienstleistungen in dem Augenblick, in dem sie erbracht werden, auch in Anspruch genommen werden. Eine Vorproduktion ist bei Dienstleistungen der Sozialen Arbeit kaum möglich, genauso wenig können Fehler nachträglich korrigiert werden (siehe Kapitel 10.4 in diesem Band).

Unterschiedliche Ansätze des Managements in Sozialen Organisationen

Die Notwendigkeit eines Managements in Sozialen Organisationen kann anhand der folgenden Beispiele veranschaulicht werden (siehe Tabelle 1).

Tab. 1: Argumente für ein Management in Sozialen Organisationen

Management in Sozialen Organisationen	
Argumente für das Management in Sozialen Organisationen	**Begründung/Beispiel**
Ziele und Dienstleistungen der Sozialen Organisationen sollen überprüfbar sein.	Verfügbare Ressourcen sollten möglichst bedarfsgerecht eingesetzt werden, eine stetige Analyse soll Fehlentscheidungen entgegenwirken.
Kooperationsbeziehungen zwischen sozialen Einrichtungen sollten verbessert und die sozialen Organisationen in die regionale Sozialplanung einbezogen werden.	Kontakt zu anderen sozialen Organisationen, Behörden, Anwohner:innen usw. halten und die Zusammenarbeit fördern.
Innovationsfähigkeit sollte hergestellt und erhalten werden.	Fachlich falsche Entscheidungen können zu großen Problemen führen, beispielsweise wenn eine Leitungsposition eines freien Trägers aus politischen Gesichtspunkten mit einer nicht dafür qualifizierten Fachkraft besetzt wird.
Personalplanung und Personalführung sollten optimiert werden.	Sicherung einer qualitativ hochwertigen Dienstleistung.
Effizienz der Einrichtungen und die Effektivität der Arbeit sollten verbessert werden.	Ökonomische Gesichtspunkte als Ergänzung zum rein caritativen Gedanken.

Quelle: eigene Darstellung in Anlehnung an Sturzenhecker et al. 2022: 32

Die Vielfalt der Sozialen Organisationen erfordert unterschiedliche Managementansätze, die sich in ihrer Philosophie, Struktur und Methodik unterscheiden. Neben dem Neuen Steuerungsmodell sind dies z. B. die Corporate Governance oder das Public Management für öffentliche Unternehmen und Kommunen. Aus der Systemtheorie heraus hat sich insbesondere für Soziale Organisationen das Neue St. Galler Management-Modell entwickelt (SGMM). Dieses Modell vertieft die explizite Differenzierung von Management in operative, strategische und normative Aspekte (Rüegg-Stürm/Grand 2019: 36). Soziale Organisationen lassen sich mit Hilfe dieses Modells ganzheitlich betrachten.

IN A NUTSHELL: Soziale Organisationen managen

Soziale Organisationen verfolgen in erster Linie das Ziel, ihre Aufgaben zu erfüllen, nicht, einen Gewinn zu erzielen. Ihre Vielfalt erfordert unterschiedliche Managementansätze.

Linkempfehlung zur Vertiefung

Bundesarbeitsgemeinschaft Sozialmanagement/Sozialwirtschaft e.V. Online verfügbar unter: bag-sozialmanagement.de (Übersicht zu Studiengängen)

INAS e.V. – Internationale Arbeitsgemeinschaft Sozialmanagement/Sozialwirtschaft e.V. Online verfügbar unter: inas-ev.eu

Quellen

Bieker, Rudolf/Niemeyer, Heike (Hrsg.) (2022): Träger, Arbeitsfelder und Zielgruppen der Sozialen Arbeit. Stuttgart: Kohlhammer. 2. Aufl.

Galuske, Michael (2013): Methoden der Sozialen Arbeit. Eine Einführung. Bearbeitet von Karin Bock und Jessica Fernandez Martinez. Weinheim/Basel: Beltz Juventa.

Klatetzki, Thomas (2018): Soziale Arbeit in Organisationen: Soziale Dienste und Einrichtungen. In: Graßhoff, Gunther/Renker, Anna/Schöer, Wolfgang (Hrsg.): Soziale Arbeit. Eine elementare Einführung. Wiesbaden: Springer VS. S. 457–470.

Löhe, Julian/Aldendorff, Philipp (2022): Grundlagen zum Sozialmanagement. Zentrale Begriffe und Handlungsansätze. Göttingen: Vandenhoeck & Ruprecht.

Mennemann, Hugo/Dummann, Jörn (2022): Einführung in die Soziale Arbeit. Studienkurs Soziale Arbeit. Baden-Baden: Nomos Verlagsgesellschaft. 4. Aufl.

Merchel, Joachim (2015): Management in Organisationen der Sozialen Arbeit. Eine Einführung. Studienmodule Soziale Arbeit. Weinheim/Basel: Beltz Juventa.

Mund, Petra (2019): Grundkurs Organisation(en) in der Sozialen Arbeit. Soziale Arbeit studieren. Stuttgart: München: Ernst Reinhardt Verlag.

Rüegg-Stürm, Johannes/Grand, Simon (2020): Das St. Galler Management-Modell. Management in einer komplexen Welt. Bern: Haupt Verlag. 2. Auflage.

Schreyögg, Georg/Koch, Jochen (2020): Management. Grundlagen Unternehmensführung. Konzepte – Funktionen – Fallstudien. Wiesbaden: Springer Gable. 8. Aufl.

Sturzenhecker, Martin/Nagorny-Wittig, Gabriele/Kunkel, Sarah/Andrä, Roman/Amerein, Bärbel (2022): Sozialmanagement. Organisation, Leitung und Management sozialer Einrichtungen. Haan-Gruiten: Verlag Europa Lehrmittel. 2. Auflage.

Vogelbusch, Friedrich (2017): Management von Sozialunternehmen. Eine Einführung in die Allgemeine Betriebswirtschaftslehre mit Praxisbeispielen. München: Verlag Franz Vahlen.

Wendt, Peter-Ulrich (2023): Lehrbuch Soziale Arbeit. Weinheim/Basel: Beltz Juventa. 3. Aufl.

Wöhrle, Armin (2011): Sozialmanagement. In: Otto, Hans-Uwe/Thiersch, Hans (Hrsg.): Handbuch Soziale Arbeit. München: Ernst Reinhardt Verlag. S. 1453–1461. 4. Aufl.

3 Organisationstheoretischer Blick auf Soziale Organisationen

THINK ABOUT before reading:

- Was sind Organisationen?
- Welche Organisationen kennen Sie und wie sind sie intern strukturiert?
- Wie handeln Organisationsmitglieder innerhalb von Organisationen? Nur gemäß der formalen Struktur? Welche Rolle spielt Macht dabei?
- Wie verändern und entwickeln sich Organisationen durch Erwartungen ihrer Umwelt? Wie lässt sich dieser Prozess aktiv steuern?
- Wie kann die Arbeit mit anderen Sozialen Organisationen innerhalb von Netzwerken gelingen?

Das Leben aller Menschen wird maßgeblich durch Organisationen geprägt. Sie sind allgegenwärtig, und so ist es auch nicht verwunderlich, dass Soziale Arbeit in der Praxis in ganz verschiedenen Organisationen stattfindet: in Krankenhäusern, Schulen, Betrieben, Justizvollzugsanstalten, in Wohlfahrtsverbänden und vielen weiteren Einrichtungen. Hilfeleistungen durch Sozialarbeitende existieren in Organisationen fast aller gesellschaftlichen Teilsysteme (Bode 2012: 149). Im Fokus dieses Buches stehen jedoch Soziale Organisationen, also solche, die vorwiegend in der Sozialen Arbeit verankert sind (siehe Kapitel 2.1 in diesem Band). Grundlegend soll dafür in diesem Kapitel geklärt werden, was Organisationen sind, wie sie strukturiert sind und funktionieren. Dabei wird im Folgenden auch auf Besonderheiten Sozialer Organisationen eingegangen und danach gefragt, in welchem Zusammenhang sozialarbeiterische Praxis und Organisationen stehen. Oder anders formuliert: Wie prägt der organisationale Rahmen die Praxis? Daran schließt sich die Frage an, wie Organisationen gestaltet sein müssen, um eine professionelle sozialarbeiterische Praxis zu unterstützen, und wie wir Organisationen in ihrer Entwicklung in diese Richtung steuern können.

Organisationen sind soziale Gebilde, die sich von anderen wie Familien, Gruppen, Netzwerken oder Bewegungen unterscheiden (Kühl 2011: 13f.). Sie sind von Institutionen begrifflich zu differenzieren, auch wenn beides alltagssprachlich häufig synonym verwendet wird. Institutionen sind allgegenwärtige gesellschaftliche Einrichtungen, die für die Gesellschaft eine zentrale Funktion übernehmen (Gukenbiehl 2016). Kindergärten als Institution übernehmen beispielsweise innerhalb der Gesellschaft die Funktionen der Kinderbetreuung und Erziehung. Betrachtet man Kindergärten dagegen als Organisation, so nimmt man einen spezifischen Kindergarten in den Blick.

Nach Niklas Luhmann können Organisationen durch drei Merkmale – Zweck, Mitgliedschaft und Hierarchien – bestimmt werden (Kühl 2011: 17).

1. *Zweck:* Organisationen verfolgen in der Regel einen bestimmten Zweck, mit dem sie sich zum einen von anderen Organisationen in ihrer Umwelt abgrenzen und der ihnen zum anderen die Möglichkeit gibt, eine eigene Identität zu verfolgen. Soziale Organisationen sehen ihren Zweck in der Regel in der Arbeit an Menschen bzw. in der Hilfe und Unterstützung von Menschen (Bode 2012: 150). An ihrem Zweck (auch Ziel oder Vision genannt) richtet eine Organisation ihr Handeln aus. Organisationen können dabei selbst über diesen Zweck bestimmen und ihn bei Bedarf auch verändern. Dem obersten Zweck können diverse Unterzwecke untergeordnet sein. Der Zweck einer Organisation muss dabei nicht unbedingt mit den persönlichen Zielvorstellungen ihrer Mitglieder übereinstimmen.
2. *Mitgliedschaft:* Organisationen haben Mitglieder. Dies können Vereinsmitglieder sein, Mitarbeitende und im Falle sozialer Organisationen auch Klient:innen. Organisationen können dabei selbst darüber entscheiden, wen sie aufnehmen oder

auch wieder ausschließen (Luhmann 1975: 99, zit. nach Kühl 2011: 18). Das heißt, eine Soziale Organisation kann bestimmen, wen sie als Mitarbeiter:in einstellt und wer als Klient:in aufgenommen wird. Organisationen wollen vor allem solche Personen als Mitglieder, die zu ihnen passen, also an der Erreichung ihres Zwecks mitwirken und sich entsprechenden Anforderungen bzw. Regeln unterwerfen. Sollte hier nach Eintritt eine Nicht-Passung deutlich werden, können sie Mitglieder auch wieder ausschließen.

3. *Hierarchie:* Im Gegensatz zu modernen Gesellschaften sind Organisationen in der Regel arbeitsteilig in Hierarchien strukturiert. Auch wenn es in vielen Organisationen die Tendenz zu ‚flacheren' Hierarchien gibt, also einige Führungsebenen abgeschafft werden und Mitarbeitende mehr Handlungsspielräume und Mitbestimmungsmöglichkeiten erhalten, gibt es innerhalb einer Organisation meist Führungskräfte bzw. Leitende und ihnen unterstellte, weisungsgebundene Mitarbeitende. Auch existieren verschiedene Abteilungen bzw. Teams, die unterschiedliche Aufgaben übernehmen bzw. die Erreichung von Unterzwecken innerhalb ihrer Organisation verantworten. Wie die Hierarchie innerhalb einer Organisation ausgestaltet ist, bestimmt diese selbst.

Abb. 6: Zweckrationales Organisationsverständnis

Quelle: eigene Darstellung

Bei diesem Organisationsverständnis handelt es sich um ein zweckrationales Modell (Kühl 2011: 27ff.), das immer vom Organisationszweck her gedacht wird. Gemäß Stefan Kühl entspricht dieses Verständnis jedoch nur der „Schauseite" (Kühl 2011: 23) einer Organisation. Das heißt, eine Organisation kann über diese drei Merkmale anhand von schriftlich verfügbaren Organigrammen, Leitbildern etc. schnell erfasst und bezogen auf ihren Zweck analysiert werden. Sie ermöglicht jedoch nicht unbedingt ein Verständnis davon, wie eine Organisation in der Praxis funktioniert; die Realität kann sogar gänzlich anders aussehen. Die zweckrationale Sichtweise weist somit eindeutig Grenzen auf (ebd.: 29; siehe auch Grunwald 2009: 92–95).

Die Organisationswissenschaft versucht daher Organisationen so zu beschreiben, „wie sie in ‚Wirklichkeit' sind" (Kühl 2011: 29). Erst solch ein beschreibender Ansatz ermöglicht ein genaues Verständnis des Aufbaus bzw. der formalen Struktur sowie der informellen Praktiken unter Mitgliedern einer Organisation. Im Folgenden soll daher genauer auf die formale Struktur Sozialer Organisationen (Kapitel 4.1) und ihre informelle Praxis im Sinne der Organisationskultur (Kapitel 4.2) eingegangen werden.

3.1 Formale Struktur Sozialer Organisationen – Aufbau und Regeln von Organisationen

Während sich der vermittelte Zweck, Organigramme auf Websites oder Stellenangebote nach außen richten und damit ein bestimmtes Bild der Organisation vermitteln, werden mit der formalen Struktur Erwartungen an die Mitglieder formuliert (Kühl 2010a: 9). Konkret handelt es sich hier um Erwartungen an ihr Verhalten, ihre Kommunikation sowie an von ihnen zu erfüllende Aufgaben. Formale Strukturen sind somit von der organisationalen Schauseite entkoppelt und haben die Aufgabe, interne Prozesse zu regulieren (ebd.: 11). In diesem Kapitel soll daher der Frage nachgegangen werden, wie Soziale Organisationen formal strukturiert sind und welche Gemeinsamkeiten und Unterschiede sie ggf. aufweisen.

Wie im zweiten Kapitel bereits ausgeführt, sind Soziale Organisationen in Deutschland mehrheitlich gemeinnützig, meist wohlfahrtsverbandlich organisiert (Schröer 2018: 544; Beher et al. 2008: 22). In der Regel handelt es sich somit um Organisationen, die nicht vornehmlich an der Erwirtschaftung eines Profits orientiert sind. Es gibt aber auch Organisationen, die als Sozialunternehmen strukturiert sind und damit als hybride Soziale Organisationen (Evers/Ewert 2010) gefasst werden. Im Folgenden wird betrachtet, wie diese zwei Typen Sozialer Organisationen formal strukturiert und aufgebaut sind.

Gemeinnützige oder wohlfahrtsverbandliche Organisationen können als „Non-Profit-Organisationen" (NPOs) (Simsa/Patak 2016) gefasst werden. Wie der Name sagt, orientieren sie sich nicht an der Erwirtschaftung von Profit; entsprechend gibt es auch keine Gewinnausschüttung (sie ist sogar gesetzlich verboten). Im Vordergrund steht eine Orientierung an sozialen Anliegen und Werten (ebd.: 5). Sie werden daher auch als ‚normative Organisationen' bezeichnet (Bode 2012: 152). Zugleich sind sie unabhängig vom Staat, auch wenn sie oftmals durch öffentliche Fördermittel finanziert werden. In der Regel befinden sie sich in privater Trägerschaft (ebd.: 9) und haben die Rechtsform eines Vereins, einer gemeinnützigen GmbH, Stiftung oder Genossenschaft (Beher et al. 2008: 22). Typisch für Non-Profit-Organisationen ist zum einen, dass ihre Struktur partizipativ angelegt ist. Neben flachen hierarchischen Strukturen wie beispielsweise in Stiftungen herrschen überwiegend „assoziative, heterarchische Strukturen" (Strachwitz/Priller/Triebe 2020: 163) vor. Insbesondere in Vereinen, Genossenschaften und Gesellschaften bürgerlichen Rechts (GbR) sind die Mitglieder permanent an Organisationsentscheidungen beteiligt und tragen damit auch alle Folgen dieser Entscheidungen mit (Hummel/Pfirter/Strachwitz 2022: 33–39). Zum anderen sind hier sowohl bezahlte hauptamtliche Mitarbeitende als auch unbezahlte Ehrenamtliche (beispielsweise im Vorstand) tätig. Bei ihnen liegt meist eine hohe Passung zu den Anliegen und Werten der Organisation vor. Das heißt, sie identifizieren sich stark mit ihrem Arbeitgeber und engagieren sich für dessen Ziele – auch wenn sie dafür schlecht bezahlt werden (Simsa/Patak 2016: 13). Insbesondere die Hauptamtlichen – auch als „Sozialprofessionelle" (Bode 2012: 153) bezeichnet – arbeiten wissensbasiert, folgen fachlichen Standards und agieren vergleichsweise autonom (ebd.: 153; Bode 2014: 154). Daneben gibt es in NPOs aber auch ausführendes Personal (beispielsweise in Technik und Verwaltung), das nicht immer gleichermaßen intrinsisch motiviert ist. Hierarchien sind in NPOs nur gering ausgeprägt. Beziehungen zwischen Organisationsmitgliedern sind oft durch Freundschaften und persönliche Kontakte geprägt (Simsa/Patak 2016: 8). Es herrscht ein gegenseitiges „Vertrauen in die Kompetenzen der (angestellten) Mitglieder und [deren] Berufsethos" (Bode 2014: 157) vor. Ehrenamtliche haben hohe Freiheitsgrade, da sie „nicht ohne weiteres auf feste Aufgaben und Einsatzzeiten verpflichtet werden" (ebd.) können. Ein Nachteil dessen ist, dass NPOs Schwierigkeiten damit haben, formale Regeln und Erwartungen organisationsintern durchzusetzen und diese oft nicht eingehalten werden (Simsa/Patak 2016: 12). Sie werden durch eine informelle Praxis unterlaufen, worauf im nächsten Abschnitt genauer eingegangen wird. Nichtsdestotrotz gibt es auch hier Organisationen, die hochgradig bürokratisch arbeiten. Im Einklang mit externen Anforderungen arbeiten sie „regelbasiert, aktenförmig und rechenschaftsorientiert" (Bode 2012: 153).

Daneben gibt es im sozialen Bereich auch zunehmend Organisationen, die als Sozialunternehmen (siehe Kapitel 10.5 in diesem Band) strukturiert sind. Sie füllen häufig ein Vakuum in der Bereitstellung sozialer Dienstleistungen oder gehen die Lösung anderer Problemlagen an, bei denen weder staatliche Organisationen noch NPOs über ausreichende Ressourcen und Lösungskapazitäten verfügen (Glänzel/Schmitz 2012: 181). Sozialunternehmen werden organisationswissenschaftlich als hybride Organisationen bezeichnet, da sie gleichermaßen soziale wie ökonomische Ziele verfolgen (Evers/Ewert 2010). Das heißt, sie stehen in der Tradition von Non-Profit-Organisationen, haben jedoch auch ein „Wettbewerbsdenken internalisiert, bei dem es zuvorderst darum geht, Konkurrenten auszustechen und Ansprüche externer Geldgeber zu bedienen" (Bode 2014: 86). Dabei wird in manchen Sozialunternehmen der internen Partizipation weniger Wert zugemessen; stattdessen sind Organisationsprozesse „durchrationalisiert" (ebd.: 86). Sozialunternehmen behalten neben ihrer Orientierung an sozialen Zwecken auch ihre wirtschaftliche Performance im Blick; d.h., sie wollen auch wirtschaftlich stabil und erfolgreich arbeiten. Entsprechend wird die Erfüllung erbrachter Leistungen ökonomisch anhand der Erfüllung vertraglich festgelegter Zahlen gemessen (ebd.: 88). In der Finanzierung wird nicht nur auf öffentliche Mittel gesetzt, sondern mehrgleisig gefahren (Evers/Ewert 2010: 111, 113). Es werden beispielsweise zusätzliche Dienstleistungen oder Produkte verkauft oder Mittel über Fundraising eingeworben. Auch bei den Organisationsmitgliedern zeigen sich unterschiedliche Motive, d.h., es identifizieren sich nicht alle Mitglieder gleichermaßen mit den sozialen und ökonomischen Zielen ihrer Organisation (Schröer 2021: 95). Typisch für Soziale Unternehmen ist, dass die unterschiedlichen Ziele und mit diesen einhergehende Strukturlogiken unverbunden nebeneinanderstehen (ebd.: 96). Die Vertreter des „prime sector approaches" (ebd.: 96) gehen davon aus, dass in solch hybriden Organisationen immer eine Seite die primäre ist, der sich die andere unterordnet, und zwar abhängig davon, welchen Ursprung oder Eigentümer das Unternehmen hat.

Eine Besonderheit Sozialer Organisationen ist, dass sie zum Teil auch Klient:innen, also die Zielgruppe ihrer Arbeit als Organisationsmitglieder betrachten (Bode 2012: 154). Manche Organisationen, etwa stationären Einrichtungen in der Kinder- und Jugendhilfe (Diebäcker/Gaidoschik 2018) oder der Behindertenhilfe (Rödler 2020), üben dabei eine weitreichende Kontrolle über die Lebensführung ihrer Klient:innen aus und können im Anschluss an Erving Goffman als semitotale Organisationen eingeordnet werden (Bode 2012: 154). Adressat:innen ambulanter Hilfen werden dagegen nicht als Organisationsmitglieder aufgefasst.

3.2 Informelle Praktiken und Organisationskultur – Handeln abseits formaler Strukturen

Wie zuvor am Organisationtyp der Non-Profit-Organisationen schon angedeutet, werden formale Strukturen von Organisationsmitgliedern informell unterlaufen. Beispielsweise werden Entscheidungen nicht bei Dienstbesprechungen getroffen, sondern beim gemeinsamen Mittagessen. Wenn neue Mitarbeitende sich allein an formalen Strukturen orientieren, dann bemerken sie vielleicht nicht, dass wichtige Informationen eher in Flurgesprächen ausgetauscht und Entscheidungen anderswo getroffen werden. Infolgedessen kommt es zu Erfahrungen des Scheiterns (Kühl 2010b: 2). Als Mitglied in einer Organisation ist man schnell mit Erwartungen konfrontiert, die über die formalen Regeln und Strukturen hinausgehen (ebd.: 2). Gerade in Sozialen Organisationen, wo Hierarchien weniger stark ausgeprägt sind, wird von Mitgliedern erwartet, sich informell konform zu verhalten, was zugleich auch informell kontrolliert wird (Bode 2014: 157).

Diese informellen Anforderungen und Praktiken werden als Informalität oder Organisationskultur bezeichnet (Kühl 2010b: 2). Damit wird auf eine von außen nicht sichtbare Ordnung in Form von nicht schriftlich festgelegter Gegebenheiten und Alltagspraktiken verwiesen, die sich über die Zeit ‚eingeschlichen' und als praktikabel erwiesen haben. Es handelt sich somit „nicht um das einmalige Improvisieren, sondern um […] bewährte […] Vorgehensweisen" (Löhe/Aldendorff 2022: 102). Vergleichbar sind diese informellen Praktiken mit denen einer fremden Kultur, die sich nicht auf den ersten Blick offenbaren, sondern meist erst von innen heraus erschließen (ebd.: 100). Sie können nicht bewusst erlernt werden, vielmehr werden neue Mitglieder in den ersten Monaten darin sozialisiert (ebd.: 102).

Organisationen verfügen jeweils über ihre eigene Organisationskultur, auch wenn manche informelle Praxis sich in verschiedenen Organisationen wiederfindet. Dies verweist darauf, dass Organisationen über kollektiv geteilte implizite Wissensbestände verfügen, die in Form geteilter „gemeinsamer Orientierungen, Werte, Handlungsmuster usw." (Schreyögg 1999: 438) vorliegen und „als selbstverständliche Annahmen dem täglichen Handeln zugrunde[liegen]" (ebd.: 438). Diese Annahmen bilden in ihrer Gesamtheit eine Art ‚Weltbild' einer Organisation (Löhe/Aldendorff 2022: 104).

Idealtypisch werden nach Franz Hamburger (2016: 92f.) vier verschiedene Organisationskulturen beschrieben:

Abb. 7: Vier idealtypische Organisationskulturen

Bürokratische Kulturen

Hier stehen das Befolgen und Anwenden von Regeln im Vordergrund. Situative und individuelle bzw. adressat:innenorientierte Bearbeitungsweisen finden eher selten statt.

Unternehmerische Kulturen

Kreativität, Initiative und Innovation bestimmen die Arbeitsweise. Schnelle Effekte und neuste Trends sind wichtiger als Routinen, Akribie, Kontinuität und Beharrlichkeit, wodurch die Tendenz entsteht, sehr oberflächlich zu arbeiten.

Organisationskulturen

Leistungsorientierte Kulturen

Fallzahlen, Input-Output-Relationen und Qualitätskontrollen bestimmen die Arbeitsweise. Eine Spirale steigender Anforderungen birgt die Gefahr der Ermüdung. Betriebswirtschaftliche Effizienz droht das Primat sozialarbeiterischer Fachlichkeit abzulösen.

Sozial orientierte Kulturen

Eine kollegiale und auf Beziehung angelegte, harmonische Atmosphäre bestimmt die Arbeitsweise. Dieser Wohlfühl-Charakter birgt die Gefahr, den Organisationszweck und die Leistungserbringung zu vernachlässigen.

Quelle: eigene Darstellung in Anlehnung an Farrenberg/Schulz 2020: 179

Eine Organisationskultur ist dabei nicht als statisch zu verstehen, sondern entwickelt sich dynamisch mit ihren Organisationsmitgliedern. Abweichungen einzelner Mitglieder stellen noch keine eigene bzw. neue Organisationskultur dar (Kühl 2010b: 3). Vielmehr muss ein Handlungsmuster kollektiv geteilt werden; es braucht also eine gewisse Regelhaftigkeit in Teilen der Organisation. Unter Einbezug mikropolitischer Perspektiven ist die vorherrschende Organisationskultur zudem nur jene, die sich unter mehreren konkurrierenden Kulturen organisational durchgesetzt hat und von einer Mehrheit der Mitglieder getragen wird (Mensching 2008: 55–59).

Das Konzept der Mikropolitik schaut auf die Machtbeziehungen und organisationale Verteilung von Macht innerhalb einer Organisation. Macht wird dabei nicht als negativ erachtet, sondern zeigt das Interesse der Mitglieder, autonom zu handeln und ihre persönlichen Ziele und Interessen durchzusetzen sowie eigene Handlungsspielräume zu erweitern (Ortmann 1998). Insbesondere Führungskräfte sind als Vorgesetzte mit Macht über ihre Mitarbeitenden ausgestattet (Pfister/Zirkler 2019: 943). Das heißt, sie können erwarten, dass ihre Mitarbeitenden ihnen zugewiesene Aufgaben umsetzen, und dies auch kontrollieren. Untergebene haben jedoch die Möglichkeit, dies zu unterlaufen, denn auch sie sind nicht ‚machtlos'. Insbesondere Mitarbeitende, die als Expert:innen über ein spezifisches Wissen verfügen, haben ebenfalls Macht, da ihre Arbeit für Führungskräfte nicht unbedingt nachvollziehbar ist. Darüber hinaus können Mitarbeitende durch einen Zugang zu Informationen und Entscheidungsgremien über Macht verfügen und diese gezielt nutzen, um eigene Interessen durchzusetzen (ebd.: 943, 946f.). Mikropolitik findet somit auch auf informalen Organisationsebenen statt – durch das strategische Knüpfen von Beziehungen und Bilden von Allianzen, die Weitergabe von Informationen, Manipulation etc.

3.3 Organisationsentwicklung – Steuern organisationaler Veränderungen

Soziale Organisationen sind als Teil der wohlfahrtsstaatlichen Infrastruktur hochgradig politisch reguliert. Damit unterliegen sie sozialpolitischen Entwicklungen, die erfordern, dass sie sich an diese anpassen (Bode 2014: 158). Mit der zunehmenden Etablierung eines betriebswirtschaftlichen Denkens im Feld durch sozialpolitische Akteure, entstehen nicht nur vermehrt Sozialunternehmen, auch Non-Profit-Organisationen müssen sich an „wettbewerbliche Mechanismen der Ressourcenzuteilung (Ausschreibung von Projektmitteln, befristete Leistungsverträge, Gutscheinvergabe etc.)“ (ebd.: 158) anpassen. Im Zuge dessen wird auch hier zunehmend auf betriebswirtschaftlich qualifiziertes Personal zurückgegriffen. Eine andere Anforderung aus der Umwelt ist beispielsweise die Umsetzung einer klient:innen- und evidenzorientierten Praxis (Schröer 2018: 547) oder auch der zunehmende Fachkräftemangel. Solche Anforderungen aus der Umwelt von Sozialen Organisationen führen dazu, dass sich das Feld und auch die Organisationen selbst verändern und weiterentwickeln. Das betrifft nicht nur formale Strukturen, sondern auch die sozialarbeiterische Praxis. So wird im Diskurs der Sozialen Arbeit darauf hingewiesen, dass die Einführung einer Steuerung nach Managementprinzipien auch Einfluss auf die fachlich begründete Autonomie der Fachkräfte nimmt und potenziell zu einer Deprofessionalisierung führen kann (ebd.: 547).

Wie hierin bereits deutlich wird, sind Organisationen keineswegs als starre soziale Gebilde zu verstehen, sondern entwickeln und verändern sich dynamisch (Grunwald 2018: 333). Klaus Grunwald unterscheidet hier einen schrittweisen evolutionären Wandel von einer radikalen Transformation, die, häufig durch Krisen ausgelöst, einschneidende Veränderungen in der Arbeitsweise mit sich bringt (ebd.: 333). In der Realität haben wir es meist mit kontinuierlichen Veränderungen zu tun.

Aus der Managementperspektive sollen solche organisationalen Veränderungen nicht dem Zufall überlassen, sondern Organisationen aktiv in ihrer Entwicklung gestaltet werden. Diesem Verständnis nach bedeutet Organisationsentwicklung die geplante Gestaltung eines Wandels, der die gesamte Organisation betrifft (Grunwald 2018: 334). Synonym wird auch der Begriff Change-Management verwendet (ebd.: 336). Damit geht die Erwartung einher, dass Organisationen sich optimal entwickeln, aus bestehenden Erfahrungen und Fehlern lernen (Pfiffner 2017) und ihre Fähigkeit, mit Problemen umzugehen, verbessern sollen (Schröer 2018: 548). Ziele sind sowohl die Anpassung an sich verändernde Umweltanforderungen als auch das Schaffen von Innovationen

(Schröer 2018: 547; Bode 2007: 94). Wie können solche Prozesse organisationaler Entwicklung bewusst gesteuert werden?

Betriebswirtschaftliche Konzepte sind meist an einer hierarchischen Struktur orientiert und damit als Top-down-Veränderung gefasst; gemessen wird deren Wirkung an einer Produktivitätssteigerung, die sich in einer Erhöhung des Profits abbildet (Grunwald 2018: 334; Bode 2007: 94). Dies passt jedoch nicht zu den überwiegend heterarchisch strukturierten Non-Profit-Organisationen in der Sozialwirtschaft, die nicht gewinn-, sondern gemeinwohlorientiert arbeiten. Wie Ingo Bode ausführt, eignen sich hier eher „partizipatorische Wege strategischen Organisationswandels" (Bode 2007: 95), bei denen alle Organisationsmitglieder einbezogen werden, um langfristig und nachhaltig mit deren Unterstützung Veränderungen voranzutreiben (siehe exemplarisch Schröer 2004). Dabei liegt es in der Verantwortung der Führung bzw. des Vorstands, den Änderungsbedarf zu vermitteln und ein gemeinsames Problembewusstsein zu schaffen (Grunwald 2018: 340). Sorgen und Ängste der Mitarbeitenden müssen ernstgenommen und konkrete Ideen zu Änderungen im Organisationsalltag gesammelt werden (ebd.: 340). Daran anschließend müssen die Ergebnisse durch Hauptamtliche und/oder Führungskräfte operationalisiert werden (Bode 2007: 96). Erst dann kann eine Umsetzung erfolgen.

Bei der Gestaltung von Organisationsentwicklungsprozessen sollte man sich ihrer Grenzen bewusst sein (Bode 2007: 96f.). Nicht jeder Änderungsvorschlag trifft in der Praxis auf Gegenliebe. Ebenso wie formale Strukturen werden Veränderungsprozesse informell unterlaufen und damit ausgehebelt. Insbesondere in assoziativen, heterarchischen Organisationen können Veränderungen nicht einfach durchgesetzt werden; die Mitarbeitenden müssen von diesen überzeugt sein und sie mittragen. Daher ist ein sorgfältig geplantes, partizipatives und transparentes Vorgehen so wichtig.

Dies verweist auf eine zentrale Erkenntnis der Organisationsforschung: „in der Organisationskultur [liegt] de[r] Schlüssel zur Förderung von Lernprozessen" (Pfiffner 2017: 11). Das heißt, das strategische Vorgehen muss zur spezifischen Kultur einer Sozialen Organisation passen. Lernförderlich ist eine kollektiv verankerte „Veränderungs- und Risikobereitschaft" (ebd.: 11), die auf einer offenen Kommunikationspraxis und geteilten Wissensbasis gründet sowie durch Werte wie Flexibilität und Anpassungsfähigkeit unterstützt wird (ebd.: 11; Grunwald 2018: 342). Hilfreich ist zudem, wenn Fehler nicht sanktioniert, sondern als Möglichkeit, daran als Organisation zu lernen, verstanden werden (Pfiffner 2017: 11).

3.4 Gelingende Netzwerkarbeit mit anderen Sozialen Organisationen

Soziale Dienstleistungen differenzieren sich in modernen Gesellschaften mehr aus und werden arbeitsteilig durch verschiedene Soziale Organisationen ausgeführt (Tippelt/Kadera 2018: 779). Für Sozialarbeitende entsteht dadurch die Notwendigkeit zu wissen, welche Angebote und Leistungen von anderen Organisationen übernommen werden, um Klient:innen gegebenenfalls weiterzuvermitteln oder mit diesen in der Gestaltung von Hilfen zusammenzuarbeiten. Darüber hinaus hat Soziale Arbeit auch den Auftrag, im Interesse ihrer Adressat:innen Einfluss auf Strukturen zu nehmen, sich beispielsweise für den Bau günstiger Wohnung einzusetzen. Diese Interessen überschneiden sich oftmals auch, d. h., nicht nur Soziale Organisationen, die im Bereich Wohnungslosenhilfe aktiv sind, sondern auch Organisationen der Kinder- und Jugendhilfe, in der Arbeit mit Geflüchteten etc. haben ein Interesse daran, ihre Klient:innen darin zu unterstützen, günstige Wohnungen zu finden. Dabei macht es für Soziale Organisationen keinen Sinn, in Konkurrenz um die wenigen günstigen Wohnung zu treten, sondern vielmehr, sich zusammenzuschließen, um gemeinsam politische Lobbyarbeit zu betreiben und Druck auf Kommunen aufzubauen. Diese zwei Beispiele verdeutlichen, dass Netzwerke in der Sozialwirtschaft zunehmend an Bedeutung gewinnen und notwendig sind. Darüber hinaus wird Netzwerken und Kooperationen auch politisch mehr Bedeutung zugewiesen

(Tippelt/Kadera 2018: 781f.); die Soziale Arbeit ist beispielsweise integriert in Netzwerke rund um Bildung (Bildung vor Ort; Lernende Regionen) oder auch Gesundheit (Gesundheitsregion). Projektmittel werden zudem häufiger an Verbünde, also Kooperationen von Akteuren verschiedener Organisationen, vergeben. Mit der Etablierung solcher Netzwerk- und Kooperationsstrukturen verbindet die Politik die Erwartung, dass die Qualität der kommunalen Daseinsvorsorge im Sozialraum zunimmt (Schubert 2020: 6). Zugleich werden über solche Netzwerke Soziale Organisationen vermehrt in die Steuerung der kommunalen Daseinsvorsorge eingebunden – eine Top-down-Steuerung des Felds wird damit ersetzt durch eine „Netzwerkorientierung“ (ebd.: 7), die geprägt ist durch einen „horizontalen Austausch unter den verschiedenen Stakeholdern in einer Kommune“ (ebd.).

Ein Netzwerk bildet ein Geflecht von sozialen Beziehungen, das aus einzelnen Akteuren (Personen) oder auch Kollektivakteuren (Organisationen) bestehen kann (Schubert 2020: 4). In der Sozialwirtschaft handelt es sich meist um „organisierte Netzwerke […], die von professionellen Verbindungen getragen werden“ (ebd.: 9). Dabei sind sowohl Organisationen als auch Einzelakteure beteiligt, wobei Einzelakteure meist stellvertretend für ihre Organisation handeln. Ziel ist eine „koordinierte Handlung an sich unabhängiger Akteure[, die] allen Beteiligten nutzt“ (Sagmeister 2018: 230). Diese Kooperationen basieren in der Regel nicht auf persönlichen Begegnungen, sondern werden gezielt im professionellen Kontext gestaltet (ebd.: 10), d. h., sie „muss angebahnt, konkretisiert und entwickelt werden“ (Grillitsch/Oswald 2020: 27). Dabei müssen Anliegen und Interessen geklärt, Vertrauen aufgebaut und Vereinbarungen getroffen werden. Stabile Netzwerke und Kooperationen erfordern eine „genaue Kenntnis der jeweiligen Interessen, Positionen und dem daraus resultierenden Nutzen [sic]“ (Tippelt/Kadera 2018: 783). Unterschieden werden kann hier zwischen einer „supportive[n] Kooperation“ zur gemeinsamen Einwerbung von Mitteln, einer „subsidiäre[n] Kooperation“ in der gegenseitigen Unterstützung von Aufgaben (z. B. Fortbildung von Mitarbeitenden) und einer „integrative[n] Kooperation“

(ebd.: 783) zur gemeinsamen Entwicklung von Projekten, Angeboten etc. All diese Kooperationsformen haben positive Auswirkungen auf die Arbeit einzelner Organisationen, stellen also einen Gewinn für sie dar (ebd.: 783).

Kooperationen können lose sein (z. B. Nutzung gemeinsamer Räume) oder auch eine intensive Zusammenarbeit umfassen, beispielsweise in der Abstimmung gemeinsamer Interessen gegenüber der Kommune (Sagmeister 2018: 230). Ein Beispiel wäre hier der „Runde Tisch gegen häusliche Gewalt" im Rhein-Sieg-Kreis (o. J.), bei dem auf kommunaler Ebene unterschiedliche Akteur:innen zusammenkommen, die direkt oder indirekt mit Betroffenen häuslicher Gewalt arbeiten. Insbesondere eine engere Zusammenarbeit „erzeugt [eine] gemeinsame Identität im Netzwerk." (Sagmeister 2018: 232) Dem liegt die Anforderung an Organisationen zugrunde, dass Arbeitsweisen mit zunehmender Kooperation aufeinander abgestimmt werden und sie eine gemeinsame Sprache bzw. Kommunikationskultur entwickeln (Tippelt/Kadera 2018: 783). Das heißt, Organisationen verändern sich durch die Arbeit in Kooperationen und Netzwerken; konkret kann der Austausch von Wissen Professionalisierungsprozesse oder auch die Entwicklung von Innovationen vorantreiben.

IN A NUTSHELL: Organisationstheoretischer Blick auf Soziale Organisationen

Organisationen sind soziale Gebilde und werden in der Regel durch die Merkmale Zweck, Mitgliedschaft und Hierarchien bestimmt. Um ein ganzheitliches Verständnis von einer Organisation zu erlangen, müssen sowohl die formellen Strukturen als auch die informellen Praktiken betrachtet werden. Organisationen verändern sich dynamisch und passen sich an veränderte Umweltbedingungen an. Diese Anpassung gilt es aus Managementperspektive bewusst in einem Prozess der Organisationsentwicklung zu gestalten. Keine Soziale Organisation kann alle Bereiche Sozialer Arbeit abdecken. Entsprechend müssen Soziale Organisationen sich in Netzwerken verknüpfen, austauschen und kooperieren.

Literatur zur Vertiefung

Mund, Petra (2019): Grundkurs Organisation(en) in der Sozialen Arbeit. Soziale Arbeit studieren. München: Ernst Reinhardt Verlag.

Quellen

Beher, Karin/Krimmer, Holger/Rauschenbach, Thomas/Zimmer, Annette (2008): Die vergessene Elite. Führungskräfte in gemeinnützigen Organisationen. Weinheim/München: Juventa.

Bode, Ingo (2014): Wohlfahrtsstaatlichkeit und Dritter Sektor im Wandel: Die Fragmentierung eines historischen Zivilisationsprojekts. In: Zimmer, Annette E./Simsa, Ruth (Hrsg.): Forschung zu Zivilgesellschaft, NPOs und Engagement. Quo vadis? Wiesbaden: Springer VS, S. 81–95.

Bode, Ingo (2012): Organisationen der Hilfe. In: Apelt, Maja/Tacke, Veronika (Hrsg.): Handbuch Organisationstypen. Wiesbaden: VS Verlag für Sozialwissenschaften, S. 149–164.

Bode, Ingo (2007): Organisationsentwicklung in der Zivilgesellschaft. Grenzen und Optionen in einem unerschlossenen Terrain. In: Forschungsjournal NSB, 20 (2), S. 92–101.

Diebäcker, Marc/Gaidoschik, Sophie (2018): Mit Goffman institutionelle Räume denken. Eine vollbetreute Wohneinrichtung für Jugendliche mit Behinderung als Fallstudie. In: Diebäcker, Marc/Reutlinger, Christian (Hrsg.): Soziale Arbeit und institutionelle Räume. Explorative Zugänge. Wiesbaden: Springer VS, S. 115–130.

Evers, Adalbert/Ewert, Benjamin (2010): Hybride Organisationen im Bereich sozialer Dienste. Ein Konzept, sein Hintergrund und seine Implikationen. In: Klatetzki, Thomas (Hrsg.): Soziale personenbezogene Dienstleistungsorganisationen. Soziologische Perspektiven. Wiesbaden: VS Verlag für Sozialwissenschaften, S. 103–128.

Farrenberg, Dominik/Schulz, Marc (2020): Handlungsfelder Sozialer Arbeit. Eine systematisierende Einführung. Weinheim/Basel: Beltz Juventa.

Glänzel, Gunnar/Schmitz, Björn (2012): Hybride Organisationen – Spezial- oder Regelfall? In: Anheier, Helmut K./Schröer, Andreas/Then, Volker (Hrsg.): Soziale Investitionen. Interdisziplinäre Perspektiven. Wiesbaden: VS Verlag für Sozialwissenschaften, S. 181–203.

Grillitsch, Waltraud/Oswald, Christian (2020): Projektnetzwerke gestalten – Entwicklungszyklen von Netzwerken durch professionelles Netzwerk- und Kooperationsmanagement unterstützen. In: Kolhoff, Ludger (Hrsg.): Aktuelle Diskurse in der Sozialwirtschaft III. Wiesbaden: Springer VS, S. 25–46.

Grunwald, Klaus (2018): Organisationsentwicklung/Change Management in und von sozialwirtschaftlichen Organisationen. In: Grunwald, Klaus/Langer, Andreas (Hrsg.): Sozialwirtschaft. Handbuch für Wissenschaft und Praxis. Baden-Baden: Nomos, S. 333–356.

Grunwald, Klaus (2009): Zum Management von Einrichtungen der Sozialen Arbeit aus organisationssoziologischer Perspektive. In: Grunwald, Klaus (Hrsg.): Vom Sozialmanagement zum Management des Sozialen? Eine Bestandsaufnahme. Grundlagen der Sozialen Arbeit, Band 21. Baltmannsweiler: Schneider Verlag Hohengehren, S. 85–138.

Gukenbiehl, Hermann L. (2016): Institution und Organisation. In: Korte, Hermann/Schäfers, Bernhard (Hrsg.): Einführung in die Hauptbegriffe der Soziologie. Wiesbaden: Springer VS, S. 173–193. 9. Aufl.

Hamburger, Franz (2016): Einführung in die Sozialpädagogik. Stuttgart: Kohlhammer. 3. Aufl.

Hummel, Siri/Pfirter, Laura/Strachwitz, Rupert Graf (2022): Zur Lage und den Rahmenbedingungen der Zivilgesellschaft in Deutschland: ein Bericht. Berlin: Maecenata Institut für Philanthropie und Zivilgesellschaft. https://www.ssoar.info/ssoar/bitstream/handle/document/76997/ssoar-2022-hummel_et_al-Zur_Lage_und_den_Rahmenbedingungen.pdf [Zugriff: 05.03.2024].

Kühl, Stefan (2011): Organisationen. Eine sehr kurze Einführung. Wiesbaden: VS Verlag für Sozialwissenschaften.

Kühl, Stefan (2010a): Die Fassade der Organisation Überlegungen zur Trennung von Schauseite und formaler Seite von Organisationen. Working Paper 1/2010. Universität Bielefeld. https://www.uni-bielefeld.de/soz/personen/kuehl/pdf/Schauseite-Working-Paper-1_19052010.pdf [Zugriff: 05.03.2024].

Kühl, Stefan (2010b): Informalität und Organisationskultur. Ein Systematisierungsversuch. Working Paper 3/2010. Universität Bielfeld. https://www.uni-bielefeld.de/soz/personen/kuehl/pdf/Informalitat-und-Organisationskultur-Working-paper-01062010.pdf [Zugriff: 05.03.2024].

Löhe, Julian/Aldendorff, Philipp (2022): Grundlagen zum Sozialmanagement. Zentrale Begriffe und Handlungsansätze. Göttingen: Vandenhoeck & Ruprecht.

Mensching, Anja (2008). Gelebte Hierarchien: Mikropolitische Arrangements und organisationskulturelle Praktiken am Beispiel der Polizei. Wiesbaden: VS Verlag für Sozialwissenschaften.

Ortmann, Günther (1998): Mikropolitik. In: Heinrich, Peter/Schulz zur Wiesch, Jochen (Hrsg.): Wörterbuch zur Mikropolitik. Opladen: Leske+Budrich, S. 1–5.

Pfiffner, Roger (2017): Wie soziale Organisationen lernen. Kultur oder Struktur? Was gemeinsame Entwicklungsprozesse fördert. In: SozialAktuell, 10, S. 10–13.

Pfister, Andres/Zirkler, Michael (2019): Macht und Mikropolitik. In: Lippmann, Eric/Pfister, Andres/Urs, Jörg (Hrsg.): Handbuch Angewandte Psychologie für Führungskräfte. Führungskompetenz und Führungswissen. Berlin: Springer, S. 937–962. 5. Aufl.

Rödler, Petra (2020): Totale Institution. Die Renaissance der geschlossenen Unterbringung im Zuge der Corona Pandemie? In: Behindertenpädagogik, 59 (2020) 4, S. 345–358.

Runder Tisch gegen häusliche Gewalt im Rhein-Sieg-Kreis (o. A.): Runder Tisch gegen häusliche Gewalt im Rhein-Sieg-Kreis. https://www.runder-tisch-gegen-haeusliche-gewalt-rsk.de/ [Zugriff: 28.01.2024].

Sagmeister, Monika (2018): Organisationale und interpersonelle Netzwerke. Chancen und Risiken für soziale Unternehmen. In: Grillitsch, Waltraud/Brandl, Paul/Schuller, Stephanie (Hrsg.): Gegenwart und Zukunft des Sozialmanagements und der Sozialwirtschaft. Aktuelle Herausforderungen, strategische Ansätze und fachliche Perspektiven. Wiesbaden: Springer VS, S. 227–242. 2. Aufl.

Schreyögg, Georg (1999): Organisation. Grundlagen moderner Organisationsgestaltung. Wiesbaden: Gabler. 3. Aufl.

Schröer, Andreas (2021): Hybride Organisationen als Orte der Hervorbringung sozialer Innovationen. In: Schröer, Andreas/ Köngeter, Stefan/Manhart, Sebastian/Schröder, Christian/ Wendt, Thomas (Hrsg.): Organisation über Grenzen. Wiesbaden: Springer VS, S. 93–107.

Schröer, Andreas (2018): Sozialmanagement als Gegenstand der Organisationspädagogik. In: Göhlich, Michael/Schröer, Andreas/Weber, Susanne Maria (Hrsg.): Handbuch Organisationspädagogik. Organisation und Pädagogik, Band 17. Wiesbaden: Springer VS, S. 541–552.

Schröer, Andreas (2004): Change Management pädagogischer Institutionen. Wandlungsprozesse in Einrichtungen der Evangelischen Erwachsenenbildung. Organisation und Pädagogik, Band 1. Opladen: Leske+Budrich.

Schubert, Herbert (2020): Organisation von Netzwerken in der Sozialwirtschaft – Orientierungsrahmen für das Management. In: Kolhoff, Ludger (Hrsg.): Aktuelle Diskurse in der Sozialwirtschaft III. Perspektiven Sozialwirtschaft und Sozialmanagement. Wiesbaden: Springer VS, S. 3–24.

Simsa, Ruth/Patak, Michael (2016): Leadership in Non-Profit-Organisationen. Die Kunst der Führung ohne Profitdenken. Wien: Linde. 2. Aufl.

Strachwitz, Rupert Graf/Priller, Eckhard/Triebe, Benjamin (2020): Handbuch Zivilgesellschaft. Bonn: Bundeszentrale für politische Bildung.

Tippelt, Rudolf/Kadera, Stepanka (2018): Netzwerke und lernende Regionen als Orte organisationspäda-gogischer Forschung und Praxis. In: Göhlich, Michael/Schröer, Andreas/Weber, Susanne Maria (Hrsg.): Handbuch Organisationspädagogik. Organisation und Pädagogik, Band 17. Wiesbaden: Springer VS, S. 779–790.

4 Betriebswirtschaftliches Management

THINK ABOUT before reading:

- Wie finanzieren sich Soziale Organisationen?
- Was ist beim Einwerben von Spenden oder Fördermitteln zu beachten?
- Welchen ökonomischen Herausforderungen müssen sich Soziale Organisationen aktuell und zukünftig stellen?

4.1 Grundlagen der Sozialwirtschaft – zwischen Idealismus und Ökonomie

Beginnen wir mit dem Fallbeispiel eines Teams, das ambulante Hilfen für Menschen mit einer psychischen Erkrankung anbietet: Die Diskussionen innerhalb des Teams kreisen erneut um die knappe Stundenausstattung, die nach Meinung des Teams nicht ausreicht, um die Bedarfe der Klient:innen adäquat zu decken. Es mangelt sowohl an direkter Betreuungszeit als auch an indirekten Zeiten für die An- und Abfahrten sowie für die Dokumentation. Zudem bleibt keine Zeit für die Weiterentwicklung des Konzepts. Während wiederholt kritisiert wird, dass sich die Leitungsebene des Trägers nicht ausreichend für eine Verbesserung der Stundenausstattung einsetze, wirft ein neues Teammitglied eine grundlegende Frage auf: Wie genau kommt die Stundenkalkulation überhaupt zustande? Die Teamleitung, die schon lange für den Träger tätig ist, versucht daraufhin einige Grundlagen zu erläutern. Schnell wird jedoch klar, dass ein tieferes Verständnis der Finanzierungslogik notwendig wäre. Das Team wendet sich mit einer Anfrage an die Bereichsleitung, die daraufhin initiiert, dass das Team von der kaufmännischen Geschäftsführung des Trägers in den kommenden Monaten durch kurze Inputs in die Grundlagen des betriebswirtschaftlichen Managements eingeführt wird, um die Hintergründe besser zu verstehen.

Beim ersten Termin erläutert die Geschäftsführung, was Soziale Organisationen betriebswirtschaftlich von herkömmlichen Unternehmen unterscheidet. Beide benötigen finanzielle Ressourcen für Personal, Infrastruktur und Organisationsstrukturen. Der entscheidende Unterschied liegt jedoch in der Finanzierung: Während in der freien Wirtschaft die Dienstleistungsnehmer:innen direkt bezahlen, übernimmt in der Sozialwirtschaft in der Regel der Staat diese Rolle. Joachim Merchel (2015) spricht daher von „nicht-schlüssige[n] Tauschbeziehungen“ (ebd.: 64), bei denen die Nutzenden der Dienstleistungen nicht die direkt Zahlenden sind. Dies wird auch als *Sozialrechtliches Dreiecksverhältnis* bezeichnet, das in Kapitel 2 bereits erläutert wurde.

Die staatlichen *Kostenträger* (Ämter) verfolgen in diesem Kontext ein Knappheitsprinzip gegenüber den *Leistungserbringern* (freie Träger): Soziale Dienstleistungen sollen zu möglichst geringen Kosten erbracht werden. Diese Forderung unterstreicht die Notwendigkeit eines bedachten ökonomischen Handelns innerhalb Sozialer Organisationen (Schellberg 2018: 508). Ein weiterer wichtiger Aspekt ist das Verständnis von *Gemeinnützigkeit*.[3] Eine Organisation verfolgt gemeinnützige Ziele, wenn sie „die Allgemeinheit auf materiellem, geistigem oder sittlichem Gebiet selbstlos“ fördert (§ 52 Abs. 1 Abgabenordnung (AO)). Die Mittel der Organisation dürfen ausschließlich für gemeinnützige Zwecke eingesetzt und Überschüsse müssen reinvestiert werden.

Die strikten Vorgaben bezüglich der Rücklagenbildung können bei größeren Investitionen zu finanziellen Engpässen führen (ebd.: 501). Dies erklärt retrospektiv, warum der dringend benötigte Ausbau der Büroräume des ambulanten Teams eine Verzögerung erfahren hat. Die lange Wartezeit auf öffentliche Gelder,

3 Die Mehrheit der Sozialen Organisationen in Deutschland ist gemeinnützig, meist gesellschaftlich organisiert als Verein, Stiftung oder gemeinnützige GmbH. Es finden sich aber auch gewinnorientierte Gesellschaftsformen wie z. B. GmbH.

die bis zu eineinhalb Jahre betragen kann, stellt eine zusätzliche Herausforderung dar.

Schließlich müssen steuerliche Besonderheiten beachtet werden, um die Gemeinnützigkeit nicht zu gefährden. Die Einhaltung dieser Kriterien wird im Nachhinein anhand der tatsächlichen Führung des Geschäfts überprüft, was die Notwendigkeit einer transparenten und regelkonformen Betriebsführung unterstreicht (ebd.: 503).

4.2 Formen der Finanzierung – die Kunst der Mittelbeschaffung

Im Rahmen des zweiten Treffens mit der kaufmännischen Geschäftsführung erhalten die Mitarbeitenden des ambulanten Teams einen Einblick in die rechtlichen und formalen Grundlagen sowie die verschiedenen Formen der Finanzierung von Sozialen Organisationen. Ein zentraler Punkt der Präsentation ist die Erkenntnis, dass das Sozialwesen primär durch örtliche und regionale Sozialleistungsträger finanziert wird, etwa Jugendämter, Sozialämter, Integrationsämter etc. Diese sogenannten Kostenträger übernehmen zwischen 70 und 100 Prozent der Gesamtkosten sozialer Einrichtungen (Kolhoff 2017: 67f.). Die rechtlichen Grundlagen für diese Kostenübernahmen sind in den Sozialgesetzbüchern festgelegt, beispielsweise werden Hilfen zur Erziehung im SGB VIII und Sozialhilfeleistungen im SGB XII geregelt.

Diese Informationen sind für die Teammitglieder nicht neu, da sie täglich mit der Herausforderung konfrontiert sind, dass die von ihnen erbrachten Hilfen – abhängig von den Klient:innen – auf verschiedenen rechtlichen Grundlagen beruhen und dementsprechend von unterschiedlichen Leistungsträgern finanziert werden. Ein aktuelles Beispiel aus ihrer Praxis betrifft einen jungen Mann mit einer psychischen Erkrankung, dessen ambulante Hilfe über das SGB XII (Sozialhilfe) finanziert wird, während die Finanzierung der von ihm besuchte Berufsbildungsmaßnahme über das SGB III (Arbeitsförderung) geleistet wird.

Neben der *Finanzierung durch die öffentliche Hand* gibt es für gemeinnützige Organisationen auch die Möglichkeit der *Eigenfinanzierung* (siehe Abbildung 8). Hierzu zählen Spenden, Förderanträge bei Stiftungen, Mitgliedsbeiträge (bei Organisationen in der Rechtsform eines Vereins), Kirchensteuern (bei Einrichtungen der Caritas oder Diakonie) sowie Rücklagen der Organisation. Auf diese zwei zentralen Finanzierungsarten wird im Folgenden noch näher eingegangen. Darüber hinaus besteht die Möglichkeit der *Finanzierung durch wirtschaftliche Betriebe* (Schneiders 2020: 35f.). Dies kann Teilnahme-Beiträge für extern beworbene Fortbildungsangebote, die Vermarktung der Produkte aus Werkstätten für Menschen mit Behinderung oder wirtschaftliche Nebenbetriebe wie extern angebotene Hausmeisterdienste umfassen. Diese Form der Finanzierung spielt ebenfalls eine Rolle in der Gesamtfinanzierungsstruktur mancher Sozialen Organisationen, wird an dieser Stelle jedoch nicht näher thematisiert.

Abb. 8: Formen der Finanzierung

Formen der Finanzierung von gemeinnützigen Sozialen Organisationen		
Öffentliche Finanzierung	Eigenfinanzierung	Wirtschaftlicher Betrieb
• Indirekte Finanzierung durch Leistungsentgelte (Tages- oder Pflegesatz, Fachleistungsstunde) • Direkte Finanzierung durch Zuwendungen und Zuschüsse	• Fundraising (Privatspenden, Unternehmensspende n, Fördermittel von Stiftungen, dem Europäischen Sozialfonds o.ä.) • Kirchensteuer (bei konfessionellen Trägern) und Mitgliedsbeiträge (bei Vereinen)	• Produktion (z.B. in Werkstätten für Menschen mit Behinderung) • Dienstleistungen (z.B. Fortbildungsangebote oder Hausmeisterdienste für Externe)

Quelle: eigene Darstellung

Grundsätzlich lassen sich in der Sozialwirtschaft zwei Arten der öffentlichen Finanzierung unterscheiden: die indirekte und die direkte Finanzierung. Die *indirekte Finanzierung* basiert auf der Zahl der tatsächlich betreuten Klient:innen, während die *direkte Finanzierung* eine pauschale Bezuschussung von sozialen Einrichtungen darstellt.

Indirekte öffentliche Finanzierung durch Leistungsentgelte

Diese Finanzierungsform basiert auf der Verhandlung fachlicher Bedarfe. Für eine klar definierte Leistung wird ein Entgelt gezahlt bzw. Dienstleistungen werden auf dieser Grundlage eingekauft. Sogenannte *Leistungsvereinbarungen* zwischen Kostenträgern und Leistungserbringern legen für bestimmte Angebotsformate und Settings die Ziele sowie Rahmenbedingungen fest. Sie beinhalten unter anderem die Rechtsgrundlage und die personelle Ausstattung und sollen Planbarkeit und Vergleichbarkeit gewährleisten. Auf Basis dieser Vereinbarungen werden individuelle *Leistungsverträge* abgeschlossen, in denen das *Leistungsentgelt* spezifiziert wird (Kolhoff 2017: 88f.). Dabei gibt es hauptsächlich zwei Vergütungsmodelle:

Tages- bzw. Pflegesätze: Diese Pauschalbeträge werden vom Kostenträger für die in der Regel stationäre Unterbringung von Klient:innen gezahlt. Die Höhe des Tagessatzes richtet sich insbesondere nach dem vereinbarten Personalbedarf für das Hilfesetting. So leuchtet es z. B. unmittelbar ein, dass eine therapeutische Wohngruppe in der Kinder- und Jugendhilfe mit einem höheren Personalschlüssel und der Mitarbeit von Psycholog:innen teurer ist als eine reguläre Wohngruppe mit einem niedrigeren Personalschlüssel und einem höheren Anteil an Erzieher:innen. In der Eingliederungshilfe hängt der jeweils gültige Tagessatz zudem davon ab, wie der Hilfebedarf der betreuten Person eingeschätzt wird. Hier können sich im Laufe der Betreuung und Unterbringung Veränderungen ergeben, die dann direkte Auswirkungen auf die Vergütung haben, die der Leistungserbringer für die Betreuung erhält. Bei der auf einem Tagessatz basierenden Finanzierung ist für den Leistungserbringer zudem relevant, welche Auslastungsquote mit dem Kostenträger vereinbart wird. Üblich sind Quoten zwischen 90 und 95 Prozent, was bedeutet, dass die Hilfe nur dann auskömmlich refinanziert ist, wenn dieser Auslastungsgrad auch tatsächlich erreicht wird.

Beispielkalkulation für einen Tagessatz in einer stationären Wohngruppe mit acht Plätzen und fünf sozialarbeiterischen Vollzeitstellen[4]

Personalkosten: Angenommen, eine Sozialarbeitsfachkraft verdient 3.300 Euro brutto im Monat. Rechnen wir 25% Arbeitgeberanteile für Sozialversicherungen und Zusatzleistungen hinzu (825 Euro), kommen wir auf Lohnkosten pro Vollzeitstelle von 4.125 Euro pro Monat. Multipliziert mit fünf Vollzeitstellen sind es 20.625 Euro pro Monat bzw. 247.500 Euro pro Jahr.

Sach-, Verwaltungs- und Betriebskosten: Angenommen, die Kosten für Lebensmittel für die Wohngruppe, Freizeitaktivitäten mit den Klient:innen, Miete, Energie, Instandhaltung, IT, Versicherungen etc. sowie anteilig für das Verwaltungspersonal und die Geschäftsführung des Trägers betragen 15.000 Euro pro Monat bzw. 180.000 Euro pro Jahr.

Investitionen und Abschreibungen: Angenommen, es fallen Investitionen und Abschreibungen für Gebäude, Fahrzeuge, Einrichtung etc. in Höhe von 10.000 Euro pro Monat bzw. 120.000 Euro pro Jahr an.

Gesamtkosten pro Jahr: 547.500 Euro

Berechnung der Anzahl der Betreuungstage: 8 Betten x 365 Tage = 2.920 Tage; unter Berücksichtigung einer mit dem Kostenträger vereinbarten **Auslastungsquote von 93%**[5] (d.h., 26 Tage pro Jahr sind die Plätze nicht belegt): 2.712 Tage

4 Grob kalkuliert benötigt man fünf Vollzeitkräfte (bzw. sog. Vollzeitäquivalente) um eine dauerhafte 24-Stunden-Betreuung im Vollschichtdienst umsetzen zu können.

5 Üblich sind Quoten zwischen 90% und 95%.

Berechnung des Tagessatzes: 547.500 Euro / 2.712 Tage = **202 Euro pro Tag und Betreuungsplatz**

Fachleistungsstunden: Diese Form der Finanzierung findet vorrangig in ambulanten Settings Anwendung und ermöglicht eine flexible Handhabung in der Betreuung. Bei diesem Finanzierungsmodell wird die Anzahl der Stunden basierend auf dem individuellen Hilfebedarf von Klient:innen vom Kostenträger in Absprache mit dem Leistungserbringer festgelegt, d. h., der Kostenträger vergütet nicht pauschal pro Betreuungstag, sondern gemäß der vereinbarten und tatsächlich geleisteten Anzahl an Stunden.

Beispielkalkulation für eine Fachleistungsstunde im ambulanten Setting

Personalkosten: Angenommen, eine Sozialarbeitsfachkraft verdient 3.300 Euro brutto im Monat. Rechnen wir 25% Arbeitgeberanteile für Sozialversicherungen und Zusatzleistungen hinzu (825 Euro), kommen wir auf Lohnkosten pro Vollzeitstelle von 4.125 Euro pro Monat.

Sach-, Verwaltungs- und Betriebskosten: Nehmen wir an, dass die auf eine Personalstelle umgelegten Sachkosten 450 Euro pro Monat betragen.

Investitionen und Abschreibungen: Nehmen wir weiter an, dass die jährlichen Investitionen und Abschreibungen auf eine Personalstelle umgelegt 1.200 Euro betragen, also 100 Euro pro Monat.

Gesamtkosten pro Monat: 4.675 Euro pro Monat

Verfügbare Arbeitsstunden pro Monat: Angenommen, eine Sozialarbeitsfachkraft in Vollzeit arbeitet abzüglich Urlaub und Krankheit durchschnittlich 140 Stunden pro Monat und von diesen würde sie 100 Stunden für die direkte Zeit mit Klient:innen nutzen sowie verbleibenden 40 Stunden als sogenannte indirekte Zeiten für

Fahrtwege, Dokumentation, Teamsitzungen, Supervision und Fortbildung, etc.

Unter Berücksichtigung einer mit dem Kostenträger vereinbarten **Auslastungsquote von 98%**[6] (2 Stunden pro Monat nicht beauftragt) ergibt sich folgende **Kalkulation der Fachleistungsstunde**: 4.675 Euro / 98 Stunden direkte Zeiten = **47,70 Euro**

Detaillierte Vorgaben existieren sowohl für die Kalkulation von Tagessätzen als auch für Fachleistungsstunden, die je nach Sozialleistungsträger, Bundesland, Kommune und spezifischem Leistungsbereich variieren können. Zu den Hauptbestandteilen der Kalkulation gehören laut Katrin Schneiders (2020: 42f.):

- *Personalkosten:* Diese machen meistens den größten Anteil der Gesamtkosten aus und beinhalten Bruttogehälter, Sozialversicherungsbeiträge sowie eventuelle Zusatzleistungen.
- *Sach-, Verwaltungs- und Betriebskosten:* Dazu zählen u. a. Ausgaben für Fortbildung und Supervision, Miete, Energie, IT-Service, Versicherungen und anteilige Kosten für Verwaltungspersonal sowie für Leitungskräfte und Geschäftsführung.
- *Investitionen und Abschreibungen:* Hierunter fallen u. a. Dienstfahrzeuge, IT- und Büroausstattung oder auch die Kosten für Neubau oder Sanierung.

Zurück zu unserem Beispiel: Bei der gemeinsamen Betrachtung der aktuellen Kalkulation für eine Fachleistungsstunde ergibt sich eine Diskussion zwischen den Mitgliedern des ambulanten Teams und der Geschäftsführung. Die Teammitglieder machen deutlich, dass sie die Annahme von monatlich 100 Stunden direkter und 40 Stunden indirekter Betreuungszeit als unrealistisch empfinden, da in der Praxis häufig gleichviele direkte und indirekte Zeiten geleistet werden müssten, um den fachlichen Anforderungen an die Dokumentation und Reflexion von Fällen gerecht zu werden. Die Geschäftsführung macht daraufhin deutlich, dass die Vergütungs-

6 Üblich sind Quoten zwischen 97% und 99%.

höhe der aktuell vereinbarten Fachleistungsstunde bereits das Ergebnis zäher Verhandlungen mit dem Kostenträger gewesen sei und eine Ausweitung der indirekten Zeiten unter den gegebenen Umständen betriebswirtschaftlich nicht machbar sei.

Diese Diskussion illustriert das grundsätzliche Spannungsverhältnis zwischen fachlichen Erfordernissen und der finanziellen Ausstattung, das die Praxis Sozialer Arbeit prägt.

Direkte öffentliche Finanzierung durch Zuschüsse und Zuwendungen

Das ambulante Team widmet sich nun der direkten Finanzierung in Form von Zuschüssen und Zuwendungen. Obwohl die Geschäftsführung zu Beginn erklärt, dass diese Finanzierungsform nicht auf die Arbeit des Teams angewendet wird, hält sie es für wesentlich, dass alle Teammitglieder ein Verständnis für diese Finanzierungsart entwickeln. Denn das Portfolio des Trägers umfasst auch zuwendungsfinanzierte Angebote wie beispielsweise ein offenes Café für Menschen mit psychischer Erkrankung, deren kontinuierliche Weiterfinanzierung immer wieder unsicher ist. Dies führt regelmäßig zu Verunsicherungen und Diskussionen in der Belegschaft.

Zuschüsse sind vor allem für die Finanzierung sozialer Einrichtungen und Dienste außerhalb des stationären Bereichs bedeutend. Kommunale *Zuschüsse* unterstützen insbesondere Einrichtungen, die Mittel für nicht gesetzlich verpflichtende Aufgaben benötigen, während *Zuwendungen* von Bund und Ländern auf haushaltsrechtlichen Bestimmungen basieren und der Erfüllung öffentlicher Aufgaben dienen. In der Regel besteht kein Rechtsanspruch auf öffentliche Zuschüsse, sondern diese werden als *freiwillige Leistungen der öffentlichen Hand* betrachtet, sie können jedoch auf gesetzlicher Basis erfolgen (Kolhoff 2017: 69).

Die Finanzierungsarten reichen von *Vollfinanzierung* (komplette Kostenübernahme) über *Anteilsfinanzierung* bis hin zu *Festbetrags-* oder auch *Fehlbedarfsfinanzierung* (Übernahme der

Deckungslücke zwischen den Ausgaben und den vorhandenen Mitteln).

Es wird unterschieden zwischen *institutioneller Förderung*, die ohne konkrete Zweckbindung für komplette Einrichtungen gewährt wird, und *Projektförderung*, die für spezifische Vorhaben mit Zweckbindung vorgesehen ist. Ein Antrag auf institutionelle Förderung sollte Informationen über die Rechtsform, Aufgabenstellung, Personalausstattung, Arbeits- und Investitionsplanung sowie Finanzplanung enthalten. Typische Beispiele für institutionell geförderte Einrichtungen sind Beratungsstellen oder Jugendhäuser, die jährlich einen neuen *Zuwendungsantrag* stellen müssen. Bei der Projektförderung wird hingegen eine detaillierte Beschreibung des Vorhabens, der verfolgten Ziele, der Dringlichkeit und des Nutzens des Projekts sowie ein Zeit- und Kostenplan verlangt (ebd.: 73f.) (siehe Kap. 9 in diesem Band). Ein Beispiel könnte ein zeitlich befristetes Gewaltpräventionsprojekt an einer Schule sein, für das (zunächst) einmalig ein Antrag gestellt wird.

Die *Vergabe von Zuwendungen* ist in § 14 des Haushaltsgrundsätzegesetz (HGrG) und in § 23 der Bundes- und Landeshaushaltsordnungen (BHO/LHO) klar geregelt. Ein Zuwendungsantrag muss eine detaillierte Kalkulation enthalten, die üblicherweise folgendermaßen aufgebaut ist:

- *Personalkosten:* Leitung und Verwaltung, sozialarbeiterische Fachkräfte, Hauswirtschaft und Haustechnik etc.
- *Aufwendungen für laufenden Betrieb:* Mietkosten, Energiekosten, Fuhrpark, Instandhaltung etc.
- *Aufwendungen für Versicherungen und Beratung:* Haftpflicht, Steuerberatung etc.
- *Bürokosten:* IT-Service, Büromaterialien etc.

Nach Einreichung und Prüfung des Antrags erhält die antragstellende Organisation einen *Zuwendungsbescheid* bzw. einen *Ablehnungsbescheid*. Die Verwendung der gegebenenfalls bewilligten finanziellen Mittel muss in der Regel innerhalb von sechs Monaten nach Erfüllung des Zuwendungszwecks durch einen *Verwendungsnachweis* schriftlich belegt werden. Teilweise werden auch

Zuwendungsverträge geschlossen, die die – ansonsten unübliche – Übertragung der Mittel in das nächste Haushaltsjahr oder auch eine mehrjährige Vergabe von Zuwendungen ermöglichen (Schneiders 2020: 41).

Fundraising und Fördermittel

Nachdem das ambulante Team einen Einblick in die verschiedenen Formen der öffentlichen Finanzierung erhalten hat, geht die Geschäftsführung in einem nächsten Input näher auf die Möglichkeiten der Finanzierung aus Eigenmitteln ein. Bei dem Träger des ambulanten Teams handelt es sich weder um einen Verein, der über Mitgliedsbeiträge verfügt, noch um eine konfessionelle Einrichtung, die von der Kirchensteuer profitiert. Als gemeinnützige Organisation hat er zudem keine nennenswerten Rücklagen bilden können. Daher erläutert die Geschäftsführung nun die Möglichkeit, über Fundraising und Förderanträge Eigenmittel zu generieren.

Fundraising bezieht sich auf den Prozess der Geldbeschaffung oder Sammlung von Ressourcen aus verschiedenen Quellen. Dies kann durch individuelle Spenden, Unternehmenspartnerschaften, staatliche Zuschüsse, Stiftungen, Veranstaltungen, Online-Kampagnen und mehr erfolgen. Fundraising ist nicht nur auf finanzielle Beiträge beschränkt, sondern kann auch Sachspenden, Dienstleistungen oder Zeit in Form von Freiwilligenarbeit umfassen. Ziel des Fundraisings ist es, die notwendigen Mittel zu sichern, um die Mission und die Ziele der Organisation zu erfüllen, Projekte durchzuführen oder Dienstleistungen zu erweitern (Urselmann 2018: 1f.).

Eine effektive *Fundraising-Strategie* sollte laut Michael Urselmann zugeschnitten sein auf die Ziele der Organisation und entsprechende Schwerpunkte setzen: Wachstum und Stabilität durch höhere Einnahmen, Verbesserung der Spender:innenbindung oder auch der Aufbau einer starken Marke mit hohem Wiedererkennungswert. Diese Strategie sollte mit den übergeordneten Entwicklungszielen der Organisation abgestimmt sein und festlegen, welche Ressourcen in den nächsten Jahren benötigt werden (ebd.: 508f.).

Neben der strategischen Ausrichtung sind aber auch *ethische Prinzipien* im Fundraising von Bedeutung. Organisationen stehen vor der Herausforderung, ihre Entscheidungsunabhängigkeit zu wahren, auch wenn sie Großspenden erhalten. Sie müssen zudem sorgfältig abwägen, welche Spenden sie unter Berücksichtigung ihres Leitbildes und ihrer Glaubwürdigkeit akzeptieren können und wollen (Hirschfeld 2018: 38).

Darüber hinaus ist eine detaillierte *Zielgruppenanalyse* unerlässlich, um Privatpersonen, Unternehmen oder Stiftungen gezielt und erfolgreich anzusprechen. Dabei ist es laut Urselmann wichtig zu verstehen, was die Zielgruppen fühlen, was sie wissen und was sie letzten Endes tun sollen (2018: 474f.). Beispielsweise sind ältere Personen oft besonders interessante Spender:innen, da sie in der Regel über mehr frei verfügbare finanzielle Mittel verfügen. Deshalb werden sie im Rahmen von Fundraising häufig gezielt angesprochen.

Organisationen können Urselmann zufolge auch von einer systematischen *Analyse des Erfolgs und Misserfolgs* von Fundraising-Kampagnen profitieren, genauso wie von Konkurrenzanalysen. Beispielsweise können sie ihre Umwandlungsquoten analysieren, d. h., wie viele Erstspendende zu Dauerspendenden werden. Zentral ist auch die kritische Bewertung der Fundraising-Erlöse im Verhältnis zu den Fundraising-Kosten, um die Effizienz der Fundraising-Aktivitäten steigern zu können (ebd.: 526f.; 559f.).

Als *Fördermittelbeantragung* bezeichnet man wiederum den Prozess der Beantragung finanzieller Mittel bei Stiftungen, Regierungsbehörden oder anderen Förderinstitutionen. Sie beinhaltet die Identifizierung geeigneter Fördermöglichkeiten, die Entwicklung und Einreichung detaillierter Antragsdokumente, die die Ziele, Methoden, Budgetierung und den erwarteten Effekt des vorgeschlagenen Projekts oder Programms darlegen. Ein erfolgreicher Förderantrag muss überzeugend argumentieren, warum das Projekt oder Programm förderungswürdig ist und wie es mit den Zielen der Geldgebenden übereinstimmt (ebd.: 443f.; 459f.).

In unserem Fallbeispiel fragt ein Mitarbeiter, inwiefern das alles für den Arbeitsalltag des ambulanten Teams überhaupt von Bedeutung sei. Eine Kollegin erwidert, dass sie diese grundsätzlichen Informationen zum Thema Fundraising und Fördermittel sehr hilfreich findet, da sie als Team doch bereits lange den Wunsch hätten, ein Gruppenangebot für Kinder mit einem psychisch erkrankten Elternteil aufzubauen. Und da es in ihrer Kommune für solch ein Angebot aktuell keine öffentlichen Gelder gebe, sei das Team bzw. der Träger bei der Umsetzung der Projektidee auf ein erfolgreiches Fundraising angewiesen, sowohl, um die Personalkosten zu decken, als auch für die Ausstattung der hierfür vorgesehenen Räumlichkeiten. Darüber hinaus sei es doch positiv, wenn durch eine professionellere Spenden- und Fördermittelbeschaffung zukünftig vielleicht mehr Budget vorhanden sein werde, um mit einer Gruppe von Klient:innen Ausflüge machen zu können. Dies greift die Geschäftsführung auf und erläutert in einem nächsten Schritt den grundsätzlichen Ablauf einer Antragsstellung auf Fördermittel.

Förderantrag schreiben: am Beispiel eines psychoedukativen Gruppenangebots

Am Anfang eines Förderantrags sollte immer eine umfassende *Bedarfsanalyse* stehen (Urselmann 2018: 449). Am Beispiel des geplanten Gruppenangebots bedeutet das, auf Basis von aktuellen Forschungsstudien und Statistiken zu belegen, dass Kinder psychisch erkrankter Eltern oft unter besonderen Belastungen stehen und spezialisierte Unterstützungsangebote selten sind.

Anschließend geht es darum, *klare und messbare Ziele* für das Projekt zu definieren (siehe Kapitel 9 in diesem Band). In diesem Fall kann als Hauptziel formuliert werden, die psychische Widerstandsfähigkeit der Kinder zu stärken und ihnen Coping-Strategien im Umgang mit der Erkrankung ihrer Eltern zu vermitteln. Darüber hinaus soll das Angebot den Austausch mit Gleichaltrigen in ähnlichen Lebenssituationen fördern, da die Forschung zeigt, dass diese Peer-Kontakte eine wichtige Ressource für betroffene Kinder darstellen. In der Regel werden die Projektziele mittels eines fachlichen Konzepts unterfüttert und dort mit Blick auf ihre Umsetzung methodisch konkretisiert.

Im nächsten Schritt muss ein *Projetbudget* kalkuliert werden. Es umfasst die Kosten für qualifiziertes Personal, Räumlichkeiten,

Verpflegung, Materialien sowie für Akquise und Öffentlichkeitsarbeit. Zusätzlich werden Mittel für die Evaluation des Angebots eingeplant, um die Wirksamkeit und den Nutzen des Projekts belegen zu können. Eine Verwaltungspauschale (häufig auch als „Overhead" bezeichnet) von zehn Prozent muss ebenfalls einkalkuliert werden, mit der das Verwaltungs- und Leitungspersonal des Trägers anteilig finanziert werden kann.

Nach diesen vorbereitenden Arbeiten startet die *Recherche nach potenziellen Förderquellen*. Das Team identifiziert die (fiktive) „Resilienz Stiftung" als ideale Institution, da deren Förderschwerpunkte gut zum Projekt passen. Die Stiftung unterstützt Vorhaben, die die Selbstwirksamkeit von Menschen in schwierigen Lebenslagen fördern.

Nach einer ersten Rücksprache mit der Stiftung, um abzuklären, ob das geplante Gruppenangebot prinzipiell förderfähig ist, beginnt die eigentliche *Antragstellung* (ebd.: 451f.). Typischerweise beinhaltet diese die folgenden Elemente:

- Im *Anschreiben* werden die Dringlichkeit und Bedeutung des Projekts hervorgehoben. Es wird betont, wie das Gruppenangebot konkret zur Verbesserung der Lebenssituation der Zielgruppe beitragen kann.
- Eine prägnante *Zusammenfassung des Projektes* bietet einen schnellen Überblick über die Ziele und die erwartete Wirkung.
- In der *Projektbeschreibung* werden die Zielgruppe und das Projekt ausführlich vorgestellt, inklusive der geplanten Aktivitäten und methodischen Ansätze.
- Der *Kostenplan* listet alle erwarteten Ausgaben detailliert auf. Er rechtfertigt jede Kostenposition und zeigt auf, wie ein effizienter Einsatz der Mittel sichergestellt wird.
- Ein detaillierter *Zeitplan* gibt Aufschluss darüber, wie das Projekt innerhalb eines bestimmten Zeitraums umgesetzt werden soll, von der Vorbereitungsphase bis zur Evaluation.
- Abschließend stellt sich die *Organisation* vor, indem sie ihre Erfahrung, bisherige Erfolge und die Qualifikationen des Personals herausstellt.

- In der Regel muss bei Förderanträgen bei Stiftungen zudem ein *Freistellungsbescheid* vorgelegt werden, der die Gemeinnützigkeit der beantragenden Organisation bescheinigt.

Nach diesem Überblick über den Prozess eines Förderantrags ist das ambulante Team hoch motiviert, selbst einen solchen Antrag bei einer passenden Förderinstitution zu stellen. Daher wird vereinbart, dass die Geschäftsführung als nächstes auf das Rechnungswesen sowie auf Buchhaltung und Controlling eingehen wird, da diese Instanzen in einer Organisation oder einem Unternehmen dafür sorgen, dass überhaupt verlässliche Finanzdaten vorliegen und somit Budgets und Kalkulationen erstellt werden können – zum Beispiel für den geplanten Förderantrag des ambulanten Teams.

4.3 Rechnungswesen, Buchhaltung und Controlling – im Dickicht der Zahlen

Das *betriebliche Rechnungswesen* spielt eine entscheidende Rolle bei der wirtschaftlichen und strategischen Planung und Steuerung von Unternehmen und Organisationen. In der Sozialwirtschaft dient es nicht nur dazu, die Geschäftsführung mit Informationen zu versorgen, sondern auch der Erfüllung gesetzlicher Anforderungen und der Kommunikation mit externen Beteiligten (trägereigenes Aufsichtsgremium, Kostenträger, Finanzbehörden, Kooperationspartner). Ziele des Rechnungswesens sind die transparente Dokumentation der Geschäftsprozesse, die Schaffung von Kalkulationsgrundlagen für Verhandlungen von Entgelten oder Zuschüssen sowie insgesamt die Bereitstellung von Entscheidungsgrundlagen für unternehmerische Entscheidungen des Managements (Schellberg 2018: 525).

Die *Buchhaltung* ist der Ausgangspunkt des Rechnungswesens. Dort werden alle monetären Vorgänge der Organisation erfasst. Dazu gehören Geldeingänge und -ausgänge, die Bearbeitung von Rechnungen sowie die Pflege der verschiedenen Kostenstellen, Kassen und Konten der Organisation. Die Buchhaltung ist auch verantwortlich für die Erstellung des *Jahresabschlusses*, der eine Zusammenfassung des Geschäftsbetriebs des zurückliegenden Wirtschaftsjahrs darstellt und (auch) den oben genannten externen Beteiligten Auskunft über das Geschäftsergebnis und das Betriebsvermögen gibt (siehe Abbildung 9). Eine ordnungsgemäße Buchführung ist essenziell, da Mängel bei einer Prüfung durch die Finanzbehörden rechtliche Konsequenzen nach sich ziehen (ebd.: 515).

Abb. 9: Vereinfachtes Schema des Rechnungswesens eines freien Trägers

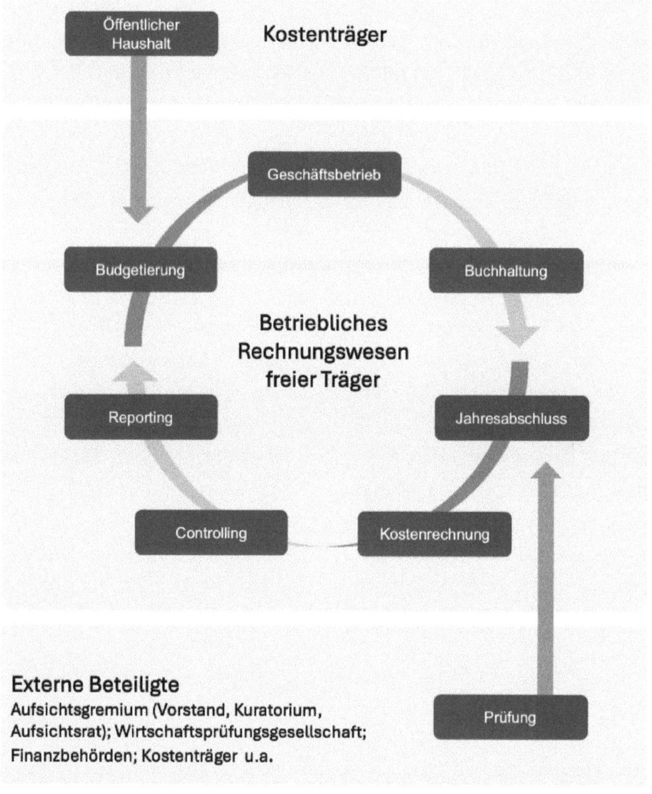

Quelle: eigene Darstellung

Die *Kosten- und Leistungsrechnung* ist ein weiteres wichtiges Instrument des Rechnungswesens. Sie ermittelt, welche Kosten in welchen Bereichen des Unternehmens angefallen sind und vergleicht die geplanten Soll-Kosten mit den Ist-Kosten. Innerhalb der Kosten- und Leistungsrechnung wird zwischen der Plankostenrechnung und der Prozesskostenrechnung unterschieden (Schwien/ Hoffmeister 2018: 131).

Bei der *Plankostenrechnung* werden im Voraus Kosten für bestimmte Angebote oder Projekte geplant. Die tatsächlich entstandenen Kosten werden dann mit diesen Plankosten verglichen, um Abweichungen zu analysieren und die Wirtschaftlichkeit zu überwachen. Diese Methode bietet sich beispielsweise an, wenn eine Soziale Organisation ein neues Betreuungsangebot plant, bei dem die Personal- und Raumkosten im Voraus bekannt und voraussichtlich relativ stabil sind. Die Plankostenrechnung ermöglicht es dann, diese Kosten detailliert zu planen und zu kontrollieren, um sicherzustellen, dass das Projekt innerhalb des Budgets bleibt und effizient umgesetzt wird (ebd.: 131f.)

Die *Prozesskostenrechnung* zielt hingegen darauf ab, die Kosten sogenannter *indirekter Leistungsbereiche* (z. B. Trägerverwaltung) transparent zu machen und auf die einzelnen Kostenstellen (z. B. das ambulante Team aus unserem Beispiel) verursachungsgerecht zu verteilen. Dieses Verfahren bietet sich an, wenn z. B. ein großer Träger mit vielen verschiedenen Arbeitsbereichen die Wirtschaftlichkeit dieser einzelnen Bereiche verbessern möchte. Durch die Implementierung der Prozesskostenrechnung kann er die indirekten Kosten für Dienstleistungen wie Hausmeisterdienste oder die interne IT-Servicestelle, die von allen Bereichen genutzt werden, genau zuordnen und analysieren. Dadurch werden Möglichkeiten zur Effizienzsteigerung und Kostensenkung identifiziert (ebd.: 134f.).

Das *Controlling* baut wiederum auf der Kosten- und Leistungsrechnung auf (die ihre Information aus der laufenden Buchführung erhält) und nutzt deren Daten, um der Geschäftsführung Hinweise zur Steuerung und Kontrolle von Geschäftszielen und -prozessen zu liefern. Es überwacht und koordiniert alle Aktivitäten, die zur Erreichung der unternehmerischen Ziele beitragen, und agiert als organisationsinterne Reflexionsinstanz, die über die Differenz zwischen gesetzten Zielen und tatsächlicher Zielerreichung berichtet (Halfar/Heider 2018: 532).

Ein wesentlicher Bestandteil des Controllings ist das *Reporting* (ebd.: 533). Es umfasst den regelmäßigen Abgleich von Soll- und Ist-Werten zur unterjährigen Steuerung der laufenden Erlöse und Kosten. Das Reporting stellt wichtige Informationen zur Verfügung, mit denen Verantwortliche, wie z. B. die Bereichsleitung des ambulanten Teams, ihre Budgetgrenzen einhalten und ihren Verantwortungsbereich effektiv steuern können. Z. B. könnte ein problematisches Reporting-Ergebnis in Form von deutlich geringeren als den ursprünglich geplanten Einnahmen dazu führen, dass die Bereichsleitung das Gespräch mit dem Kostenträger sucht, um herauszufinden, weshalb die Beauftragung des Teams und somit dessen Auslastung im letzten Quartal deutlich geringer war als im Quartal davor.

Für Soziale Organisationen ergeben sich aus dem internen Controlling in Kombination mit politisch-behördlichen Haushaltsbeschlüssen konkrete *Budgetierungen*. Diese vorausschauenden Planungen von finanziellen Ressourcen für einzelne Geschäftsbereiche oder Angebote sind für Soziale Organisationen essenziell, um den speziellen Anforderungen der Gemeinnützigkeit und der öffentlichen Finanzierung gerecht zu werden (Kortendiek/Stepanek 2019: 56f.). Die Budgets müssen dabei klar definierte Organisationseinheiten berücksichtigen und die jeweiligen Budgetverantwortlichen, in unserem Beispiel die Bereichsleitung des ambulanten Teams, sollten in den Prozess der Budgeterstellung einbezogen werden, um dieses wirtschaftliche Steuerungsinstrument effektiv zu nutzen und einen zielgerichteten Einsatz der Finanzmittel zu gewährleisten.

4.4 Vergütung und Tarifverträge – zwischen Wunsch und Wirklichkeit

Abschließend wendet sich das Team dem größten Ausgabenposten zu – den Personalkosten. Bei ihrem Input stellt die Geschäftsführung das Thema Tarifverträge in den Mittelpunkt, da diese einen erheblichen Einfluss auf die Finanzierung Sozialer Organisationen haben.

Die *Tarifautonomie*, ein „zentraler Bestandteil der bundesdeutschen Wirtschaftsordnung" (Schneiders 2020: 74), ermöglicht es, dass Arbeitsbedingungen zwischen den Tarifparteien ohne direkten Einfluss des Gesetzgebers ausgehandelt werden können. Es existiert eine Vielzahl an Tarifverträgen und arbeitsrechtlichen Vereinbarungen in der Sozialwirtschaft, die von branchenspezifischen bis hin zu unternehmensbezogenen Abschlüssen reichen. Besonders hervorzuheben sind die Tarifverträge der Caritas (AVR-TVöD) und der diakonischen Einrichtungen (BAT-KF und AVR DD) sowie der Tarifvertrag für den Öffentlichen Dienst (TVöD) und der Tarifvertrag für den Öffentlichen Dienst der Länder (TV-L), zwischen denen zum Teil deutliche Vergütungsunterschiede bestehen. Die Zuordnung zu sogenannten *Entgeltgruppen und Erfahrungsstufen* in Tarifverträgen hängt von der Tätigkeit, der Qualifikation sowie der Berufserfahrung der Beschäftigten ab.[7]

Wichtig zu erwähnen ist, dass im Rahmen von Tarifverträgen nicht nur die Höhe des Entgelts sondern auch Zulagen (z.B. für Schichtdienst) und Vereinbarungen zur Altersvorsorge sowie zu Arbeitszeit oder Urlaubsanspruch geregelt werden. Gemäß Katrin Schneiders ist der Anteil der tarifgebundenen Betriebe in der Sozialen Arbeit etwas höher als im Durchschnitt aller Betriebe in Deutschland, jedoch arbeitet auch in der Sozialen Arbeit immerhin ein Drittel der Beschäftigten ohne einen Tarifabschluss bzw. wird nur an einem Tarifabschluss orientiert vergütet (ebd.: 74).

7 Einen aktuellen Überblick über Tarifverträge sowie Entgelttabellen für den öffentlichen Dienst, aber auch für die konfessionellen freien Träger, findet man online unter: www.oeffentlicher-dienst.info.

Für freie Träger liegt der Vorteil einer *Tarifbindung* vor allem in der besseren Planbarkeit, insbesondere in der Zusammenarbeit mit Kostenträgern. Kostenträger erkennen die Tarifbindung in der Regel an, was bedeutet, dass Personalkostensteigerungen, die sich aus einer tariflichen Vergütungserhöhung ergeben, in der Regel akzeptiert werden (Schellberg 2018: 511).

Berufseinsteigende und Mitarbeitende in unteren Lohngruppen profitieren in der Regel von Tarifverträgen, da sie auf einem akzeptablen tariflichen Mindestniveau einsteigen. Langjährige Führungskräfte hingegen haben wenig Möglichkeiten, ihren Verdienst weiter zu steigern.

In dieser komplexen Tariflandschaft müssen Soziale Organisationen, wie der Träger unseres beispielhaften ambulanten Teams, strategisch navigieren, um sowohl eine faire Vergütung für ihre Mitarbeitenden zu gewährleisten als auch die finanzielle Stabilität der Organisation zu sichern.

4.5 Aktuelle Entwicklungen – Sozialwirtschaft im Wandel

Sowohl das ambulante Team als auch die Bereichsleitung und die Geschäftsführung bewerten die gemeinsame Beschäftigung mit dem Thema Finanzierung als positiv. Für beide Seiten wurde das Spannungsverhältnis zwischen fachlichen Erfordernissen einerseits und begrenzter finanzieller Ausstattung andererseits durch den Austausch deutlich sichtbar. Die Geschäftsführung spricht vor diesem Hintergrund das in der Sozialen Arbeit allgegenwärtige Risiko an, dass sich die Beschäftigten auf eigene Kosten überlasten, um ihrem professionellen Anspruch gerecht zu werden. Die Mitarbeitenden des ambulanten Teams machen wiederum deutlich, dass sie es umso hilfreicher finden, nun ein besseres Verständnis von den ökonomischen Rahmenbedingungen der Sozialen Arbeit zu haben und dadurch eher einschätzen können, welche Verhandlungsspielräume es ggf. gibt und wo klare Grenzen liegen.

Dass es sinnvoll ist, operativ tätigen Sozialarbeitenden die Finanzierungsstrukturen der Sozialen Arbeit zu verdeutlichen, wird auch von Joachim Merchel (2015) thematisiert. Ihm zufolge haben Leitungskräfte dafür Sorge zu tragen, „dass betriebswirtschaftliches Denken als eine legitime Steuerungsform in Einrichtungen der Sozialen Arbeit von den dort tätigen Fachkräften akzeptiert wird und dass die unterschiedlichen, in der Organisation tätigen Akteure die betriebswirtschaftlichen Anforderungen auch in ihrem Handeln umzusetzen vermögen" (Merchel 2015: 153). Thematisiert die Leitungsebene dies hingegen nicht, kann dies zu Unzufriedenheit und Frust bis hin zu Resignation und Ablehnung des Managements führen.

Abschließend tauscht sich das Team mit der Geschäftsführung noch über aktuelle Herausforderungen und zukünftige Trends im Bereich des betriebswirtschaftlichen Managements Sozialer Organisationen aus. Hier ist vor allem die fortlaufende *Ökonomisierung* der Sozialen Arbeit zu nennen, die differenziert betrachtet werden sollte: Auf der einen Seite kann der damit verbundene stärkere Wettbewerb unter Sozialen Organisationen Innovation befördern. Auf der anderen Seite besteht die Gefahr, dass die ökonomische Perspektive die eigentlichen, im Kern ideellen Ziele der Sozialen Arbeit verdrängt und zu einer Erosion des Non-Profit-Ethos führt (Schneider 2022: 10).

Ohne ökonomische Kompetenz und Expertise werden Soziale Organisationen langfristig allerdings nicht bestehen können. Denn die finanziellen Gestaltungsspielräume werden angesichts hoher Inflation, höherer Rüstungsausgaben, Investitionen in den Klimaschutz und infolgedessen knapper werdender Sozialhaushalte nicht größer. Zudem sind Kostensteigerungen unausweichlich, sei es durch neue Tarifverhandlungen und somit höhere Personalkosten oder auch Investitionen in die digitale Transformation.

Der Sozialstaat und damit auch die in ihm und für ihn tätigen Sozialen Organisationen befinden sich aktuell also in einer tiefgreifenden Transformation, die auch zu anderen Formen der Finanzierung führt. So setzten Kostenträger statt auf institutionelle Förderung verstärkt auf zeitlich begrenzte Projektförderung (Kolhoff 2017: 67). Vor diesem Hintergrund betonen Helmut K. Anheier und Stefan Toepler (2023: 388) die Bedeutung einer diversifizierten Finanzierungsstrategie für den Erfolg und die Nachhaltigkeit von Sozialen Organisationen. Sie sollten nicht nur auf eine einzige Einnahmequelle bauen, sondern stattdessen auf verschiedene Formen direkter und indirekter öffentlicher Finanzierung sowie auf unterschiedliche Eigenmittel (Spenden, Einnahmen aus wirtschaftlichen Nebenbetrieben etc.). Dadurch werden Organisationen den Autoren zufolge widerstandsfähiger gegenüber Veränderungen.

IN A NUTSHELL:
Betriebswirtschaftliches Management

Das Kapitel verdeutlicht die Bedeutung eines grundlegenden Verständnisses der spezifischen Finanzierungslogik und der betriebswirtschaftlichen Grundlagen in der Sozialwirtschaft, um den aktuellen und zukünftigen Herausforderungen gemeinnütziger Organisationen im Spannungsfeld zwischen ökonomischer Effizienz und Erfüllung sozialer Ziele begegnen zu können.

Literatur zur Vertiefung

Grunwald, Klaus/Langer, Andreas (2018): Sozialwirtschaft. Handbuch für Wissenschaft und Praxis. Baden-Baden: Nomos.

Kolhoff, Ludger (2017): Finanzierung der Sozialwirtschaft. Eine Einführung. Basiswissen Sozialwirtschaft und Sozialmanagement. Wiesbaden: Springer VS.

Quellen

Anheier, Helmut K./Toepler, Stefan (2023): Nonprofit Organizations – Theory, Management, Policy. Abdington/NewYork: Routledge. 3. Aufl.

Halfar, Bernd/Heider, Katharina (2018): Controlling und Wirkungscontrolling. In: Grunwald, Klaus/Langer, Andreas

(Hrsg.): Sozialwirtschaft. Handbuch für Wissenschaft und Praxis. Baden-Baden: Nomos, S. 531–546.

Hirschfeld, Stefanie (2018): Fundraising zwischen Ökonomisierung und Mitmenschlichkeit. Emotionale, soziale, organisationale Herausforderungen und Chancen. Best Masters. Wiesbaden: Springer Gabler.

Kolhoff, Ludger (2017): Finanzierung der Sozialwirtschaft. Eine Einführung. Basiswissen Sozialwirtschaft und Sozialmanagement. Wiesbaden: Springer VS. 2. Aufl.

Kortendieck, Georg/Stepanek, Peter (2019): Controlling in der deutschsprachigen Sozialwirtschaft. Eine Einführung. Basiswissen Sozialwirtschaft und Sozialmanagement. Wiesbaden: Springer VS.

Merchel, Joachim (2015): Management in Organisationen der Sozialen Arbeit. Studienmodule Soziale Arbeit. Weinheim/Basel: Beltz Juventa.

Schellberg, Klaus (2018): Rechnungswesen in Sozialunternehmen. In: Grunwald, Klaus/Langer, Andreas (Hrsg.): Sozialwirtschaft. Handbuch für Wissenschaft und Praxis. Baden-Baden: Nomos, S. 514–539.

Schneider, Armin (2022): Soziale Arbeit und Ökonomisierung – Grenzen und notwendende Kompetenzen. In: Sozialmagazin, 9–10, S. 7–13.

Schneiders, Katrin (2020): Sozialwirtschaft und Soziale Arbeit. Grundwissen Soziale Arbeit. Stuttgart: Kohlhammer.

Schwien, Bernd/Hoffmeister, Daniel (2018): Kosten- und Leistungsrechnung in der Sozialwirtschaft. Rechnungswesen sozial gedacht. Stuttgart: Schäffer & Poeschel.

Urselmann, Michael (2018): Fundraising. Professionelle Mittelbeschaffung für gemeinwohlorientierte Organisationen. Wiesbaden: Springer Gabler. 7. Aufl.

5 Personalmanagement

Ein realistisches Einstiegsszenario

Ein freier Träger der Kinder- und Jugendhilfe sucht für eine seiner Kitas zum nächstmöglichen Zeitpunkt eine neue Einrichtungsleitung sowie mittelfristig sechs weitere pädagogische Fachkräfte wegen zu vertretender Elternzeiten und Kündigungen. Zudem werden drei neue Einrichtungen eröffnet, die personell vollständig neu besetzt werden müssen.

Im stationären Bereich fehlt durchgängig Personal zur Besetzung aller Schichten in den Wohngruppen. Entsprechende Stellenausschreibungen auf sämtlichen Kanälen sind zu schalten. Im Kontext aktiver Personalgewinnung wird das Recruiting auf diversen Berufsmessen in der Region vertreten sein und ein virtueller Tag der offenen Tür organisiert. Für das potenzielle neue Personal wurde ein strategischer Onboarding-Prozess entwickelt, der u. a. ein Mentoringprogramm beinhaltet. Mit Blick auf den demografischen Wandel wurde ein systematisches Ausscheiden (Offboarding) implementiert, um einen gleitenden Übergang in den Ruhestand gewährleisten zu können, mehr noch: Die Mitarbeitenden, die in den kommenden drei Jahren betroffen sein werden, klären in Offboarding-Gesprächen mit der Personalabteilung, ob und in welcher Form und welchem Umfang sie Wissen und Erfahrung weiter zur Verfügung stellen wollen und können.

Darüber hinaus wurde das Bewerbungsmanagement digitalisiert und die künstliche Intelligenz (KI) für einen kontinuierlichen Anfrageprozess programmiert. Im Bereich Fort- und Weiterbildung ist das Team der Personalentwicklung beständig darum bemüht, Nutzen und Herausforderung des technischen Wandels bestmöglich für die Mitarbeitenden zu gestalten. Fortbildungen zu „Arbeitsschutz“, „Erste Hilfe am Arbeitsplatz“ und „Der Wandel des SGB VIII“ sind bereits als internes Angebot digitalisiert und somit für alle jederzeit flexibel nutzbar.

Wo Menschen arbeiten, braucht es andere Menschen, die das gesamte Spektrum von Arbeit in allen Phasen gestalten, begleiten und verantworten. Doch wo und womit fängt Personalarbeit an und wann endet sie? Auch darum wird es in diesem Kapitel gehen. Das Einstiegsszenario ist in Theorie und Praxis auf die gesamte Organisationslandschaft der Sozialen Arbeit adaptierbar – und diese ist bekanntermaßen breit und bunt (siehe Kapitel 1). Trotz unterschiedlicher konzeptioneller Ausrichtungen geht es immer um die Arbeit von Menschen für Menschen.

> „Die Mitarbeiter/innen sind nicht nur ein Kostenfaktor, sondern stellen das wertvollste Potential […] der Organisation dar. Ihre Kreativität und Motivation sind wichtiger als neueste Techniken und der Einsatz neuester betriebswirtschaftlicher Strategien“ (Konferenz zentraler Fortbildungs-Institutionen für Jugendarbeit und Sozialarbeit 2000: 3).

> „Es ist heute unumstritten, dass das sogenannte Humankapital, d.h. die in den Unternehmen arbeiten- den Menschen, den Unternehmenserfolg nicht allein, aber doch zu einem großen Teil bestimmen“ (Haubock/Ölschlegel-Haubock 2018: 15).

Vor diesem Hintergrund lohnt sich eine intensivere Auseinandersetzung mit der „Ressource Mensch“. Auch wenn die fortschreitende Digitalisierung bereits Einzug in die Personalverwaltung gehalten hat und administrative Aufgaben von entsprechenden Programmen und Tools übernommen werden, bleibt eine gute Human-Ressources-Strategie (HR-Strategie) zentrale Aufgabe sozialer Dienstleister. Treffender noch: Eben weil die künstliche Intelligenz (KI) als Teilgebiet der Informatik die Übergabe von menschlicher Intelligenz an den Computer forciert, ist es wesentlich, sich heute mit der Ressource Mensch als Kapital für morgen auseinanderzusetzen. Generative KI-Tools wie das Simulieren menschlicher Interaktionen mit sich beständig weiterentwickelnden Chatbots durch den Einsatz natürlicher Sprachverarbeitung (NLP) in Informations- und Beratungskontexten werden sich prognostisch mittelfristig nicht nur in großen Sozialen Organisationen etablieren. Auch die KI-basierte Sichtung und Bearbeitung von

Bewerber:innendaten im Recruiting-Prozess steht für personal- und kostensparende Innovation – und für einen schmalen Grat zwischen Mensch und Technik, den es in Sozialen Organisationen ganzheitlich denkend und handelnd zu gestalten gilt.

THINK ABOUT before reading:

- Wer und was macht Menschen zu Personal?
- Welche Dimensionen des Wandels prägen das 21. Jahrhundert?
- Welche Rahmenbedingungen prägen Ihr persönliches und berufliches Denken und Handeln?

5.1 Ressource Mensch – von der Komplexität des Personalmanagements

Soziologisch betrachtet leben wir multidimensional in einer postindustriellen Risikogesellschaft, postmodern und multikulturell, auch in einer Wissens- und Erlebnisgesellschaft und nicht zuletzt in einer leistungsorientierten Arbeitsgesellschaft (Kleve 2016: 14). Willkommen in der Komplexität der Selbstzuschreibungen.

Insbesondere die Soziale Arbeit kann sich solche verwirrenden Zustandsbeschreibungen von Vielfalt nicht ersparen, wenn sie sich ernsthaft mit zeitgemäßen Konzepten für das Personalmanagement auseinandersetzt. Denn die Ressource Mensch wird erst dann zum Erfolgsfaktor Personal, wenn individuelle, sozialpolitische und ökonomische Zustände sowie Rahmenbedingungen berücksichtigt werden. Als Frage für die Praxis bedeutet dies: Wie und wo findet eine Soziale Organisation Personal, das menschlich und fachlich passt (*Personalgewinnung/Recruitung*) – in eine Unternehmenskultur und ein Team, zu den strukturellen Rahmenbedingungen und nicht zuletzt zu den Menschen, um die es in der Sozialen Arbeit geht (Adressat:innen, Klientel, Kund:innen, Bewohner:innen, Patient:innen)?

Umgekehrt muss genauso gefragt werden: Wie und wo treten wir als Organisation auf, um von denen gefunden zu werden, die zu uns passen könnten (*Employer Branding*)? Und weiter: Mit welchen Fort- und Weiterbildungsmaßnahmen kann ein Arbeitgeber die fachliche, physische und psychische Arbeitsfähigkeit seiner Mitarbeitenden erkennen, daran anknüpfen, diese erhalten und weiterentwickeln? Welche Instrumente fördern zugleich die Personalbindung und bieten sowohl eigene, identitätsstiftende Anknüpfungen an das Unternehmen als auch eine allgemeine berufliche Sinnstiftung und welche sind schließlich finanziell und personell umsetzbar (*Personalentwicklung*)? Vorausgesetzt sei, dass potenzielles Personal zur Verfügung steht.

In dieser Entwicklung wird ein Paradigmenwechsel vom Arbeitsgeber- zum Arbeitnehmermarkt deutlich, begründet durch den bereichsübergreifenden Personalmangel (Löhe/Aldendorff 2022: 120). Damit verlagert sich an vielen Stellen branchen- und arbeitsfeldübergreifend der Konkurrenzkampf zwischen Fachkräften auf den direkten Wettbewerb zwischen Trägern und Institutionen. Der eklatante Fachkräftemangel eröffnet qualifiziertem Personal die Möglichkeit zu Mitgestaltung und Mitbestimmung von Arbeits- und Rahmenbedingungen. Das fordert von einem modernen Personalmanagement flexible und kreative Konzepte. Schließlich hängt die Qualität der Leistungen in sämtlichen Feldern der Sozialen Arbeit von dem professionell gestalteten Kontakt zu anderen Menschen ab. Kurzum: Die Qualifikation und Motivation des Personals entscheidet am Ende maßgeblich über gelingende Kooperationen in der Praxis (Merchel 2015: 212).

Wenn nun per Definition das Personalmanagement „[…] die Summe der mitarbeiterbezogenen Gestaltungsmaßnahmen zur Verwirklichung der strategischen Unternehmensziele ist […]“ (Gabler 2005), dann ist der Weg dorthin die interne Verständigung auf adäquate Instrumente und deren Ausgestaltung. Vor allem besteht die wesentliche Rolle des Personalmanagements in seiner Verantwortung dafür, eine positive Arbeitsumgebung und Kultur zu schaffen, in der Mitarbeitende motiviert und engagiert sind. All dies impliziert in der Summe vielschichtige Prozesse, die sich in der Praxis in diversen Aufgabenbereichen wiederfinden. Diese sind durch verbindende Schnittmengen und Abhängigkeiten nicht in jeder Prozessphase eindeutig voneinander trennbar (Sturzenhecker et al. 2019: 151). Zum besseren Verständnis wird im Folgenden komprimiert der Fokus auf die zentralen Aufgabenbereiche des Personalmanagements gelegt.

5.2 Personalplanung – Wen benötigen wir wann und wo?

Prognosefähigkeit, vorausschauendes Handeln sowie ein strukturiertes Vorgehen sind in der ersten Phase des Personalmanagementprozesses die Voraussetzung für größtmögliche wirtschaftliche und personelle Sicherheit (Rump/Eilers 2020: 96). Personalplanung im Kontext Sozialer Arbeit umfasst die strategische Organisation und Verwaltung des Personals, bevor die potenzielle Ressource Mensch zum:zur Mitarbeitenden wird. Sie beinhaltet die Identifizierung von Personalbedarf in zwei Kategorien. Die qualitative Personalbedarfsplanung konzentriert sich auf die benötigten Kompetenzen und Qualifikationen der künftigen Mitarbeitenden, während die quantitative auf der Bestimmung der Menge des erforderlichen Personals unterschiedlicher Vertragsformen basiert. Gemeint sind hier sowohl Hauptamtliche in Voll- und Teilzeit als auch im Projekt mitarbeitende Honorarkräfte, Werkstudierende sowie Ehrenamtliche und Freiwillige (Bundesfreiwilligendienst/BFD) (Sturzenhecker et al. 2019: 157). Beide, die qualitative wie die quantitative Personalbedarfsplanung, benötigen für bestmögliche Prognosen eine prozessbegleitende Analyse auf arbeits- und gesellschaftsrelevante Themen. Doch: Wohin sollten Soziale Organisationen über den Tellerrand schauen?

Zum einen richtet sich der Blick auf den *demografischen Wandel*. Hier geht es u. a. um den Einfluss von Zu- und Auswanderung sowie der Geburten- und Sterblichkeitsrate auf eine realistische Personalplanung. Was bedeutet es für ein vorausschauendes Handeln, wenn prognostisch im Jahr 2060 mindestens jede:r Dritte 65 Jahre alt sein wird (bpb/Kühn: 2017)? Auch sehen sich Soziale Organisationen beständig damit konfrontiert, welche Rechte und welche Hilfen Einzelne, Gruppen, Schichten erhalten werden, welche Leistungen auf Bundes- und Kommunalebene zugesprochen werden und welche Gesetze den Arbeitsmarkt regulieren. Zum anderen gilt ein Blick der *Sozialpolitik*. Als staatliches Instrument betrifft sie alle Menschen jeden Alters in Deutschland und beeinflusst das (strategische) Handeln im Personalmanagement. Auch der Fokus auf *Sozialraum und Region* ist unerlässlich: Wie nehmen sozial konstruierte Lebensräume Einfluss auf soziale Entwicklungsprozesse? Warum können sozialräumliche Veränderungen Einfluss haben auf Angebote Sozialer Organisationen und damit auf deren Personalplanung?

Personalbedarfsplanung

Personelle Fehlplanungen sind teuer, beeinflussen die Zufriedenheit der Mitarbeitenden und führen am Ende durch physische und psychische Be- und Überlastungen zu steigenden Krankenquoten. Im Jahr 2022 waren Arbeitnehmer:innen durchschnittlich 15 Tage krank und damit 3,5 Tage mehr als noch 2021 (Statistisches Bundesamt 2023). Neben pandemischen und postpandemischen Virus-Infekten liegt die Vermutung nah, dass Fachkräftemangel sowie physische und psychische Überlastung weitere Gründe für Arbeitsunfähigkeit sein könnten. Unter Beachtung von Kennziffern und Faktoren wie z. B. Fachleistungsstunden, Belegungszahlen in der stationären Unterbringung oder der Anzahl von Beratungsgesprächen im ambulanten Bereich lässt sich ein realistischer Bedarf ermitteln. Dabei werden quantitative und qualitative Aspekte berücksichtigt wie beispielsweise die Anzahl der Klient:innen, die Art der benötigten Unterstützung, die erforderlichen Qualifikationen der Mitarbeitenden und nicht zuletzt gesetzliche Vorgaben. Eine gründliche Personalbedarfsanalyse ermöglicht es, den richtigen Personalschlüssel festzulegen und sicherzustellen, dass ausreichend qualifiziertes sowie vom Kostenträger refinanziertes Personal zur Verfügung steht. Während kurzfristiger Personalbedarf häufig durch interne Verschiebungen (Stundenaufstockungen und -reduzierungen, Urlaub) und Zeitarbeitsfirmen abgedeckt wird, benötigen mittel- und langfristige Bedarfe eine entsprechende Analyse und weitere Instrumente zur weiteren Planung.

Arbeitsplatzbeschreibung vs. Stellenbeschreibung

Eine Arbeitsplatzbeschreibung ist eine schriftliche Darstellung der Aufgaben, Verantwortlichkeiten und Anforderungen einer bestimmten Stelle oder Position in der sozialen Organisation. Die Vorteile einer Arbeitsplatzbeschreibung aus Arbeitgeberperspektive liegen auf der Hand: eine klarere Definition der Rollen und Verantwortlichkeiten der Mitarbeitenden, eine verbesserte Effizienz und Produktivität, eine bessere Arbeitsorganisation und -strukturierung sowie eine Grundlage für (gesetzlich geregelte) Leistungsbewertungen und entsprechender Karriereentwicklung. Für potenzielle Mitarbeitende bietet eine Arbeitsplatzbeschreibung Klarheit über die Erwartungen und Aufgaben, eine bessere Arbeitsorientierung, die Möglichkeit zur Selbstbewertung und Verbesserung sowie eine Grundlage für Gehaltsverhandlungen und berufliche Entwicklung. Bestenfalls dient eine fundierte Arbeitsplatzbeschreibung als solide Grundlage für die weitere Personalauswahl und die Gestaltung des Einstellungsprozesses.

Eine Stellenbeschreibung hingegen beschreibt eine spezifische Stelle oder Position in einem Unternehmen, einschließlich der Aufgaben, Verantwortlichkeiten, Anforderungen und Qualifikationen, die für diese Position erforderlich sind. Sie stellt den Rahmen für die Besetzung der Stelle dar und hilft bei der Rekrutierung und Auswahl von qualifizierten Kandidat:innen. Während die Arbeitsplatzbeschreibung eher auf die aktuelle Tätigkeit abzielt, konzentriert sich die Stellenbeschreibung auf die strukturellen und organisatorischen Aspekte der Position.

Qualifikationsprofil und Anforderungsprofil

Ein Anforderungsprofil im Kontext der Personalgewinnung ist eine Zusammenstellung der spezifischen Fähigkeiten, Erfahrungen, Qualifikationen und Eigenschaften, die Bewerber:innen mitbringen sollten, um eine bestimmte Stelle erfolgreich auszufüllen. Das Anforderungsprofil dient als Leitfaden für die Personalbeschaffung, um sicherzustellen, dass potenzielle Kandidat:innen den Anforderungen der Stelle gerecht werden und eine gute Passung mit den Zielen und der Kultur der Sozialen Organisationen aufweisen. Auch kann es in Personalauswahldebatten richtungsweisend für Konsens und Entscheidungen sein (Weuster 2012: 35). Folgende Kategorien bilden eine mögliche Grundstruktur für ein Profil und können individuell ausdifferenziert werden:

- Bereich im Unternehmen/Teamzuordnung
- Formelle Rolle (z. B. Gruppenleitung, pädagogische Fachkraft)
- Rahmenbedingungen (Gehalt/Tarif, Stundenumfang, Schichtdienst, Beginn der Tätigkeit)
- Was soll getan werden? ➔ Tätigkeit
- Wie soll es getan werden ➔ Sozialkompetenz, Rollenidentifikation, Haltung
- Wodurch kann es getan werden? ➔ Kompetenz und Fertigkeit durch Qualifikation
- Darüber hinaus?

Abb. 10: Personalplanung

Quelle: eigene Darstellung

5.3 Personalgewinnung/Recruiting – Wie finden wir wen und werden gefunden?

Bereits im Römischen Reich wusste Kaiser Julius Cesar seine Soldaten durch Prämienzahlungen (30 % des Solds) zur Rekrutierung neuer Soldaten zu motivieren. Ohne wissenschaftliche

Fundierung reicht allein diese Anekdote, um zu verstehen, dass die Einbindung der eigenen Mitarbeitenden eine der effektivsten Möglichkeiten ist, neue qualifizierte Mitarbeitende zu gewinnen (Ullah/Witt 2018: 7). Instrumente wie Empfehlungsprogramme für Mitarbeitende hilft nicht nur qualifizierte Talente zu identifizieren, sie stärken auch das Engagement und die Bindung der Mitarbeitenden an das Unternehmen. Zusammenfassend wurde (und wird auch heute noch) hierfür der Begriff „Personalbeschaffung“ verwendet. Doch die reine Beschaffung im Sinne von „besorgen“ oder „holen“ (Duden 2023), das selbstverständliche aus vorhandenen Ressourcen Schöpfen, erscheint in Zeiten des Fachkräftemangels nicht mehr zeitgemäß. Doch nicht nur der Begriff benötigt eine Anpassung an gesellschaftliche Veränderungen, auch das Handeln dahinter erfordert eine Spezialisierung. Die moderne Personalgewinnung bzw. das moderne Recruiting beziehen sich auf innovative Ansätze und Technologien, die in den Personalbeschaffungsprozess integriert werden, um qualifizierte Kandidat:innen einstellen zu können. Es umfasst den Einsatz von KI gestützten Tools wie automatisierten Bewerbungsscreenings, datenbasierten Entscheidungen und personalisierten Ansprachen, um effizienter und zielgerichteter zu rekrutieren. Darüber hinaus legt das moderne Recruiting einen Schwerpunkt auf die Erfahrung potenzieller Bewerber:innen und deren Bewertungen. Es ist darum bemüht, eine transparente Kommunikation, schnelle Rückmeldungen und einen positiven Bewerbungsprozess zu gestalten. Hierbei entfernt sich die Personalgewinnung zunehmend von klassischen Stellenausschreibungen in Printmedien. Mit dem Mittel des Passive Sourcing wird stattdessen auf eine alltagsbegleitende Suche gesetzt. Konkret bedeutet dies die proaktive Ansprache und Identifizierung potenzieller Talente, die derzeit nicht aktiv nach einer Stelle suchen. Eine solche Direktansprache erfolgt z. B. über soziale Medien, Networking-Veranstaltungen oder spezialisierte Plattformen. Active Sourcing hingegen bezieht sich auf die direkte Suche und Ansprache potenzieller Kandidat:innen, die aktiv nach einer Stelle suchen oder sich auf dem Arbeitsmarkt verfügbar zeigen. Kurze und unkomplizierte Bewerbungsvorgänge über

Kontaktaufnahme via Messanger („30-Sekunden-Bewerbung“) oder programmierte Plattformen, die ein Minimum an (arbeits-)-biografischen Informationen einfordern, vereinfachen Zugänge und fördern eine zeitnahe Kontaktaufnahme.

Social Media Recruitment – LinkedIn, Xing, Facebook, Twitter, Instagram, YouTube & Co.

Online-Stellenbörsen und Karriereportale haben sich in diesem Kontext als äußerst effektive Instrumente erwiesen, um qualifizierte Kandidat:innen anzusprechen. Fortschrittliche Algorithmen ermöglichen einen passenden Zuschnitt entsprechender Anzeigen und Ansprachen. Hierbei wird die „Res- source Mensch“ zunehmend in seiner Ganzheitlichkeit angesprochen, um Selbstverwirklichungsprozesse und Individualität nicht von arbeitsweltlichen Kontexten abzuspalten (Löhe/Aldendorff 2022: 113). Plattformen wie YouTube, LinkedIn, Facebook, Twitter und Instagram werden sprachlich und graphisch zielgruppenorientiert mit Content gefüttert und verknüpfen wie selbstverständlich Themen wie z. B. Style, Personality, sexuelle und gesellschaftliche Identität, Multikultur, Religion und Freizeitaktivitäten. Passe ich so, wie ich bin, zum Arbeitgeber, der mir zufällig oder gezielt im virtuellen Raum begegnet? Je mehr potenzielle Arbeitnehmende sich diese Frage stellen, desto gelungener ist die Platzierung der Arbeitgebermarke in der (virtuellen) Umgebung.

Employer Branding – Create your best identity!

Auch Soziale Organisationen investieren zunehmend in Employer-Branding-Maßnahmen. Diese beziehen sich auf den Prozess der Gestaltung und Pflege eines positiven Images und einer attraktiven Arbeitgebermarke, um talentierte Mitarbeitende anzuziehen und langfristig an den Träger zu binden. Eine starke Arbeitgebermarke ist schließlich nicht nur entscheidend für ein hohes Maß an Attraktivität, sondern fungiert vielmehr als Botschafter für Menschenbilder, Leitbilder, Philosophien und Überzeugungen. Gezielte Marketingkampagnen transportieren z. B. eine positive

Organisationskultur, Haltungen und auch Benefits, die durch eine künftige Zusammenarbeit erreicht werden können. Alleinstellungsmerkmale, Erfolgsgeschichten und Mitarbeiter:innenleistungen werden hier exponiert in den Mittelpunkt gestellt. Soziale Organisationen sämtlicher Firmierungen können sich innerhalb ihres Systems (intern) und außerhalb (extern) durch das Einsetzen unterschiedlicher Instrumente wirkungsvoll platzieren, um künftig immer besser als „Employer of choice" am Markt bestehen zu können (Achouri 2011: 13). Im Folgenden wird eine Auswahl an Instrumenten zur Personalgewinnung vorgestellt. Ihnen allen ist gemeinsam, dass sie durch Kommunikationsformen, Sprache und Wording des Arbeitgebers gebrandet sind. Zudem gibt es Überschneidungen zur Personalentwicklung. Übergeordnet geht es immer um das Suchen und das Gefundenwerden im Wechselspiel auf unterschiedlichen Kanälen und durch unterschiedliche Tools und Strategien.

Interne Instrumente:

- *Empfehlungsprogramme für Mitarbeitende – Bring a talent*
  Materielle und monetäre Anreize für Mitarbeitende, um qualifizierte Kandidat:innen für offene Stellen vorzuschlagen, um Bewerbungen zu generieren und das Vertrauen in den Arbeitgeber zu stärken.
- *Corporate Publishing*
  Offenheit und Transparenz durch innerbetriebliche Personalpolitik und entsprechende Aktivitäten. Beispiele hierfür sind der firmeneigene Sharepoint, das Intranet, Mitarbeiter:innenzeitung/Newsletter. Auch interne Stellenausschreibungen sorgen für Zirkulation und Verschiebungen.
- *Alumni-Netzwerk*
  Die Pflege von Beziehungen zu ehemaligen Mitarbeiter:innen, um positive Mundpropaganda zu generieren und potenzielle Kandidat:innen zu gewinnen. In Zeiten des demografischen Wandels werden es zunehmend die Älteren sein, deren Expertise, Erkenntnis und Empfehlung in entsprechenden Netzwerken gewinnbringend eingesetzt werden können.

Externe Instrumente

- *Social Media/authentische und professionelle Website*
  Recruiting- und Imagefilm
- *Arbeitgeberbewertungsplattformen*
  Die Überwachung von und Reaktion auf Bewertungen auf entsprechenden Plattformen (z.B. Kununu, Glassdoor, Indeed, Jobvoting), um die Reputation des Unternehmens zu verbessern und potenziellen Bewerber:innen Einblick in Arbeitskultur und Standing zu geben.
- *Bildungs- und Karrieremarketing/Events und Messen*
  Die Teilnahme an Jobmessen, Karriereveranstaltungen und Firmenpräsentationen, um direkt mit potenziellen Bewerber:innen in Kontakt zu treten und das Unternehmen als attraktiven Arbeitgeber zu präsentieren (Ausbildungsstätten, Fach- und Hochschulen).
- *Headhunter*
  Einzelpersonen/Unternehmen agieren im Auftrag und Sinne ihrer Kund:innen und identifizieren, rekrutieren und wählen potenzielles Personal aus (Outsourcing der Personalgewinnung).

Abb. 11: Personalgewinnung

Quelle: eigene Darstellung

5.4 Personalentwicklung – Was braucht wer und wozu?

Eine sich rasant verändernde Arbeitswelt erfordert nicht nur in der Personalplanung und Personalgewinnung eine gesunde Mischung aus bewährten Instrumenten und Anwendung neuer Tools bzw. Technologien in digitalen Zeiten. Es stellt sich auch die Frage: Wo stehen wir mit unserem Personal und wo wollen wir hin? Die Analyse des Ist- und Soll-Zustandes bildet die Grundlage und Voraussetzung für ein Personalentwicklungskonzept (Hölzle 2006: 72).

Nicht zuletzt vor dem Hintergrund eines gravierenden Fachkräftemangels ist insbesondere die Personalentwicklung (PE) herausgefordert als „[…] traditionell jener Teilbereich des Personalmanagements, der sich vor allem auf die Qualifikationen in der Organisation tätigen Mitarbeitenden bezieht: die Erkundung des Qualifikationspotenzials der Mitarbeitenden, den Abgleich zwischen notwendiger und vorhandener Qualifikation sowie die Entwicklungsmaßnahmen zur besseren Ausrichtung der Qualifikationen an den Erfordernissen der Organisation […]“ (Merchel 2015: 232). Eine umfassende Einarbeitung neuer Mitarbeitender ist wichtig, um einerseits sicherzustellen, dass diese die fachlichen und organisatorischen Anforderungen der Organisation verstehen und erfolgreich arbeiten können. Anderseits gehen mit einer gründlichen Einarbeitung eine zunehmende Sicherheit und Routineentwicklung einher.

Wurde die neue Rolle gefunden und abgesichert, braucht es eine regelmäßige Evaluierung der Leistung eines:einer Mitarbeitenden, um Stärken und Schwächen zu identifizieren sowie Entwicklungsmöglichkeiten aufzuzeigen. Eine berufliche Entwicklung kann durch interne und externe Fort- und Weiterbildung gefördert werden, um die Fähigkeiten und Kenntnisse zu verbessern sowie interne Aufstiegschancen zu erweitern. Aus Arbeitgeberperspektive ist jede Investition in die Qualifizierung Mitarbeitender ein Abwägungsprozess zwischen internem Qualitätszuwachs und dem möglichen Verlust durch Weggang. Weitere Instrumente im Kontext von Personalentwicklung sind Beratung und Coaching von Mitarbeitenden im Sinne einer ganzheitlichen Potenzialentwicklung. Darüber hinaus spielen folgende Aspekte eine wesentliche Rolle für eine Personalentwicklung in gelingenden Arbeitsbeziehungen: Zum einen kann ein professionelles Konfliktmanagement bzw. Mediation dazu beitragen, Probleme im Arbeitsumfeld zu lösen und eine konstruktive Zusammenarbeit zu fördern. Zum anderen geht es um die Einhaltung arbeitsrechtlicher Bestimmungen, insbesondere im Hinblick auf Arbeitsverträge, Arbeitszeiten, Urlaub und Kündigung.

Wurde mit einer kurz-, mittel- und langfristigen Planung Personal gewonnen und an das Unternehmen gebunden, beginnt mit dem Auswahl- und Einstellungsverfahren der Zyklus eines:einer jeden Mitarbeitenden im Unternehmen. Hieran wird sich der folgende Abschnitt orientieren. Dieser Zyklus wird im Folgenden als Schema abgebildet und die Phasen von Personalentwicklung wie auch die entsprechenden Instrumente werden mit kurzen Erklärungen aufgegriffen. Nach dem Onboarding in seinen drei wesentlichen Phasen geht es weiter in den vertiefenden Zyklus der Kooperation und Entwicklung, um am Ende schließlich mit den zwei Phasen des Offboarding den Kreislauf zu schließen. Grundsätzlich kann bis hierher gesagt werden, dass es bei der Personalentwicklung um die folgenden Fragen geht: Wie gelingt es, die Besten und die Geeignetsten in die Organisation einzubinden und zu halten? Wie gelingt es, durch den Einsatz passender Instrumente eine Win-win-Situation für die Mitarbeitenden und die Organisation zu kreieren?

Soziale Organisationen befinden sich stets zwischen Routine und Entwicklung: Menschen brauchen gelingende Arbeitsbeziehungen und Soziale Organisationen brauchen geeignetes Personal, um erfolgreich und verbindlich die Arbeit für Menschen managen zu können – in Gegenwart und Zukunft.

Abb. 12: Personalentwicklung/Onboarding – Teil 1

Onboarding Drei Phasen im Onboardingzyklus

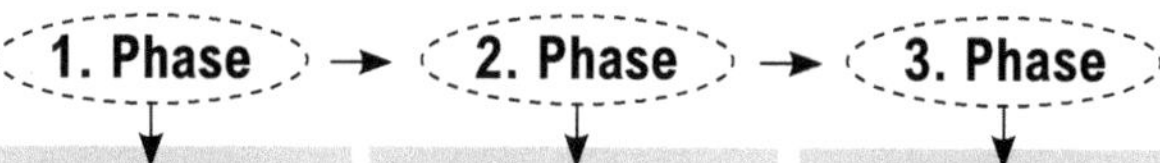

Preboarding	Onboarding I	Onboarding II
Von der Vertragsunterschrift bis zum ersten Arbeitstag Mit jedem positiven Gedanken an eine neue Anstellung, mit jeder persönlichen E- Mail und jedem (Vor-)Gespräch rücken sich im Einstellungsprozess befindende Personen bereits in der ersten Anbahnung in eine neue Unternehmenskultur, in neue Aufgaben sowie in neue Teams und Konstellationen von unterschiedlichen Menschen. Im Preboarding tragen kleine Instrumente zur positiven Beziehungsgestaltung und Festigung bei, eröffnen Fragefenster, ggf. begleitet von Ängsten, Zweifeln und Unsicherheiten.	**Die ersten Arbeitswoche(n)** Einbindung in die Organisation und in das direkte und erweiterte Kollegium, um die Integration und Identifikation der neuen Mitarbeitenden zu intensivieren. **Wer** *macht was?* **Was** *wird wann und wie gemacht?* **Wer** *kooperiert wie und mit wem?*	**Probezeit (Einarbeitung und Integration)** Auf der Grundlage der Stellen- und Arbeitsplatzbeschreibung geht es in dieser Phase sowohl um die klare Abstimmung zu Inhalten und Ziel als auch um das Kreieren eines vertrauensvollen Zusammenwachsens auf allen Ebenen. Je positiver die Probezeit verläuft, desto geringer ist die Gefahr von natürlicher Früh fluktuationen (Unzufriedenheit, unstimmiges Matching etc.)

Instrumente

Preboarding	Onboarding I	Onboarding II
• Vorpraktika/ Hospitationen/ Traineeprogramme • Mailkontakt • Before-start-work-Telefonat • PE-Postkarte mit Willkommenskultur-Charakter • virtuelle Lernformate und interne Fortbildungen	• **Technisches Onboarding:** Ausstattung mit materiellen Ressourcen (Schlüssel, Handy, Laptop etc.); Aktiviverung sämtlicher Accounts, Telefonnummern, Zugriffsrechte; Sharepoint etc. • Mentoring startet: gut abgestimmt mit der PE und dem Team und den Führungskräften • Einarbeitungsplan • Einführungskurse • Checkliste/ Wochenplan	• Mentoring wird fortgesetzt • Einarbeitungsplan (strukturiert und individualisiert) • Checkliste/ Wochenplan • Midterm-Gespräch: Wie waren die ersten Wochen für beide Seiten? • Probezeitendgespräch

Quelle: eigene Darstellung

Abb. 13: Personalentwicklung/Offboarding

Offboarding

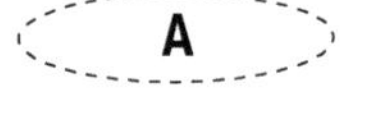

Emotionales Offboarding

Strukturierter Kommunikationsprozess zur Initiierung, Begleitung und Beendigung eines Ausscheidungsprozesses. Um die personellen Übergänge mit einem neuen, meist heterogen aufgestellten Team erfolg reich zu gestalten, braucht es neben den gängigen Werkzeugen des Personal managements ein Bewusstsein für die mit dem Wechsel einhergehenden Herausforderungen und ein hohes Maß an kollegialem Miteinander.

B

Technisches Offboarding

Gewährleistung von Datenschutz, IT-Sicherheit und Compliance durch einen strukturierten Prozess, der ausscheidende Mitarbeitende von sämtlichen Konten und Zugriffsrechten entkoppelt.

Instrumente

- Mitarbeitenden-Gespräch(e)
- Verabschiedung (angemessener Rahmen)
- Abschiedsgeschenk
- Anbindung an Organisation durch z. B. Ehemaligenrunden, Workshops, Jubiläen, Abrufen von Seniorexpertise

- Ressourcen der Organisation (Schlüssel, Handy, Laptop etc.)
- Weiterleitung aller Telefon- und E-Mail-Konten
- Deaktivierung aller Accounts und Zugriffsrechte
- Daten gemäß DSGVO löschen (Löschkonzept)

Quelle: eigene Darstellung

Abb. 14: Personalentwicklung/Kooperation und Entwicklung

Kooperation & Entwicklung

Diese Phase umfasst die gesamte Zeit zwischen dem ersten und dem letzten Arbeitstag im Rahmen eines Arbeits verhältnisses. Die Personalentwicklung sozialer Organisationen hat hier die Aufgabe, Persönlichkeit und Fachlichkeit gleichermaßen zu entwickeln. Und um gekehrt liegt es auch in der Verantwortung der Fachkraft sich persönlich und fachlich so mit der Organisation so zu identifizieren, dass eine adäquate Entwicklung möglich ist. Wie stimmig und zielführend sich der Prozess gestalten kann, hängt maßgeblich von der Kooperation und der Berücksichtigung aller Perspektiven der am Prozess Beteiligten ab: Mitarbeitende, Führungskraft, Organisation (vgl. Wöhrle 2008: 21).

Instrumente

- Mitarbeitendengespräche/ Zielvereinbarungen
- Karriereplanung/Assessment-Center/ Führungskräfteentwicklung
- Fort- und Weiterbildung (intern /extern)
- Team- und Projektarbeit Maßnahmen zum Betrieblichen Gesundheitsmanagement (BGM): gesundheitsförderndе
- Maßnahmen (Physis/Psyche) am Arbeitsplatz (z.B. technische Ausstattung, Mobiliar) sowie außerhalb der Organisation (z.B. Rehabilitationen, Kuren, Rückenschulen etc.)

Quelle: eigene Darstellung

IN A NUTSHELL: Personalmanagement

Menschen suchen Menschen, denn Menschen brauchen Menschen, um zu leben, zu lernen und gemeinsam etwas zu erarbeiten und voranzubringen.

Literatur zur Vertiefung

Haubrock, Alexander/Öhlschlegel-Haubrock, Sonja (2018): Personalmanagement. Stuttgart: Kohlhammer.

Sturzenhecker, Martin/Nagorny-Wittig, Gabriele/Rädle, Sarah/Andrä, Roman/Amerein, Bärbel (2019): Sozialmanagement. Organisation. Leitung und Management sozialer Einrichtungen. Haan-Gruiten: Verlag Europa Lehrmittel.

Quellen

Achuri, Cyrus (2011): Human Ressources Management. Eine praxisorientierte Einführung. Wiesbaden: Gabler.

Brenner, Doris (2020): Onboarding. Als Führungskraft neue Mitarbeiter erfolgreich einarbeiten und integrieren. Essentials. Wiesbaden: Springer Gabler.

Bärmann, Frank (2012): Social Media im Personalmanagement. Facebook, Xing, Blogs, Mobile Recruitung und Co. erfolgreich einsetzen. Heidelberg: mitp.

Fliegen, Ina (2020): Crashkurs Recruiting. Personalbeschaffung und -auswahl. Freiburg i.Br.: Haufe

Greving, Heinrich (2008): Management in der Sozialen Arbeit. Bad Heilbrunn: Julius Klinkhardt (UTB).

Haubrock, Alexander/Öhlschlegel-Haubrock, Sonja (2018): Personalmanagement. Stuttgart: Kohlhammer.

Hell, Benedikt/Schuler, Heinz/Boramir, Ilkay/Schaar, Hagen (2006). Verwendung und Einschätzung von Verfahren der internen Personalauswahl und Personalentwicklung im 10 Jahres-Vergleich. In: German Journal of Human Resource Management 20, 1, S. 58–78.

Hölzle, Christina (2006): Personalmanagement in Einrichtungen der Sozialen Arbeit. Grundlagen und Instrumente. Weinheim/Basel: Beltz Juventa.

Kleve, Heiko (2016): Komplexität gestalten. Soziale Arbeit und Case-Management mit unsicheren Systemen. Heidelberg: Carl-Auer Verlag.

Löhe, Julian/Aldendorff, Philipp (2022): Grundlagen zum Sozialmanagement. Zentrale Begriffe und Handlungsansätze. Göttingen: Vandenhoeck & Ruprecht.

Mentzel, Wolfgang (2018): Personalentwicklung. Erfolgreich motivieren, fördern und weiterbilden. Beck Wirtschaftsberater. München: dtv.

Merchel, Joachim (2015): Management in Organisationen der Sozialen Arbeit. Eine Einführung. Studienmodule Soziale Arbeit. Weinheim: Beltz Juventa.

Rascher, Stephanie (2017): Die Gestaltung einer achtsamen Trennungskultur als Führungsaufgabe. Outplacement als zukunftssicherndes Instrument der Personal- und Organisationsentwicklung. In: Au, Corinna von (Hrsg.): Führung im Zeitalter von Veränderung und Diversity. Innovationen, Change, Merger, Vielfalt und Trennung. Wiesbaden: Springer, S. 195–220.

Rump, Jutta/Eilers, Silke (2020): Strategische Personalplanung. Aktuelle Trends und Entwicklungen. IBE- Reihe. Berlin: Springer Gabler. DOI: 10.1007/978-3-662-61903-2

Schneider, Armin (2010): Soziales Managen. Grundlagen Sozialer Arbeit. Schwalbach: Wochenschau Verlag.

Sturzenhecker, Martin/Nagorny-Wittig, Gabriele/Rädle, Sarah/Andrä, Roman/Amerein, Bärbel (2019): Sozialmanagement. Organisation. Leitung und Management sozialer Einrichtungen. Haan-Gruiten: Verlag Europa Lehrmittel.

6 Leitungshandeln

THINK ABOUT before reading:

- Welche Rolle hat die Leitung in Sozialen Organisationen? Warum ist sie notwendig?
- Wie sollten Führungskräfte handeln, um gut und erfolgreich zu sein?
- Mit welchen Herausforderungen sind Führungskräfte in Sozialen Organisationen konfrontiert und wie gehen sie mit diesen um?

Das Management Sozialer Organisationen ist vor allem gekoppelt an die Rolle der Leitung. Organisationswissenschaftlich wird diese als Führung – geknüpft an eine bestimmte Position oder Rolle innerhalb einer Organisation – verstanden.[8] In Sozialen Organisationen, die als Non-Profit-Organisationen (NPOs) strukturiert sind, wird Führung sowohl von Hauptamtlichen als auch von Ehrenamtlichen (Vorstand) übernommen (Beher et al. 2008: 159). Meist liegen die operative Verantwortung und die ‚Geschäftsführung' bei den hauptamtlichen Führungskräften, während ehrenamtlicher Führung die strategische Gestaltung von Organisation obliegt; in der Praxis verschwimmen die Grenzen hierbei jedoch häufig. Während hauptamtliche Führungskräfte in der Regel ernannt werden, werden ehrenamtliche in gemeinnützigen Vereinen oder Verbänden gewählt (Simsa 2022: 134).

Führung hat in Sozialen Organisationen die Aufgaben „Menschenführung und Organisationsgestaltung" (Grunwald 2004: 241) und zwar mit dem Ziel, Mitarbeitende und organisationale Prozesse hinsichtlich der Erreichung des Organisationszwecks bzw. -ziels zu beeinflussen (Schröer 2018: 480). In diesem Sinne

8 Daneben gibt es auch informelle Führung, nämlich dann, wenn situativ in der Praxis durch Organisationsmitglieder Führung übernommen wird, beispielsweise in einer Besprechung, in einem Projektzusammenhang etc.

wird Führung in der Organisationswissenschaft „als interaktiver Prozess der Verhaltensbeeinflussung zur Erreichung organisationaler Ziele“ (ebd.: 481) gefasst. Dies verweist darauf, dass Führung von der Folgebereitschaft der geführten Organisationsmitglieder abhängt und nur dann wirken kann (Kropik 2014: 51). Meist wird Führungskräften dieser Einfluss zugeschrieben und in der Folge ihre Rolle durch Geführte respektiert (Simsa 2022: 134). Sie müssen die an ihre Rolle gerichteten Erwartungen jedoch auch erfüllen (Neuberger 2002: 32). Autoritär aufzutreten, heißt noch nicht, dass dies der Fall ist. Die Wirkung und der Einfluss von Führungshandlungen sind stets unsicher, da sie immer auch durch die Situation geprägt sind (ebd.: 33). Hier wirken „personenunabhängige Faktoren wie etwa Normen, Werte, Strukturen und Instrumente“ (Herzka 2013: 25) rahmengebend.

Nach dieser kurzen Definition von Führung werden im Folgenden die Aufgaben von Führungskräften erläutert, verschiedene Führungskonzepte vorgestellt und im Hinblick auf ihre Passung zu Sozialen Organisationen diskutiert. Zuletzt werden spezifische Herausforderungen für Führung in Sozialen Organisation aufgezeigt.

6.1 Führungsaufgaben

In „typischen Führungspraktiken“ wie „Planen, Problemlösen, Klären, Überwachen, Informieren, Motivieren, Konflikte managen, Anerkennen, Belohnen, Unterstützen, Mentor-Sein, Netzwerken, Beraten und Repräsentieren“ (Schröer 2018: 484) klingt bereits das ganze Spektrum an Führungstätigkeiten an. Einen guten Überblick über die Aufgaben von Führung bieten das Führungspuzzle und dessen inhaltliche Erläuterung von Ruth Simsa und Michael Patak (2016: 4; 39–47).

Abb. 15: Das Führungspuzzle

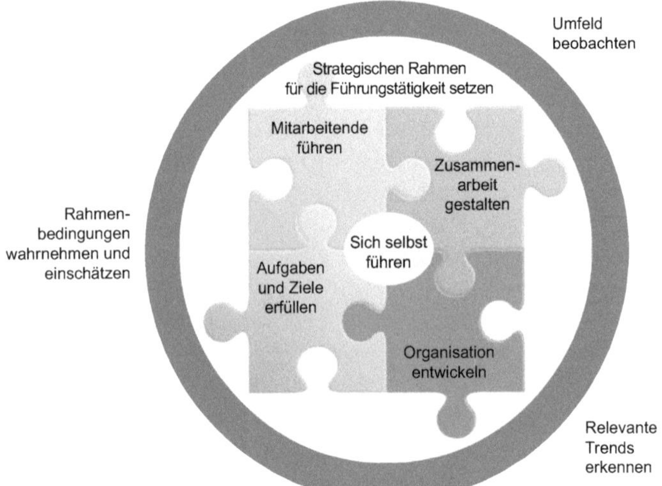

Quelle: erstellt nach Simsa/Patak 2016: 42

Das Modell fokussiert sieben Aufgabenfelder. Dabei setzen Simsa und Patak die Selbstführung ins Zentrum ihres Modells, um darauf aufmerksam zu machen, dass die Führung von Mitarbeitenden und einer Organisation die Selbstreflexion der Führungskraft voraussetzt (Simsa/Patak 2016: 42). Führungskräfte sollen zuerst die eigene Arbeitsorganisation, ihr Selbst- und Zeitmanagement, ihre persönlichen Werte und Normen sowie ihre Haltung gegenüber anderen Menschen durchdenken, da sie in diesen Bereichen auch eine Vorbildfunktion gegenüber Mitarbeitenden einnehmen.

Die weiteren Aufgabenfelder sind:

- Führung von Mitarbeitenden,
- Anleitung von Teams,
- Gestaltung von Regeln, Strukturen und Prozessen ihrer Organisation,
- Steuerung inhaltlicher Aufgaben des konkret zu verantwortenden Arbeitsbereichs,

- Entwickeln einer Strategie zur Erreichung von Zielen der Organisation und des eigenen Arbeitsbereiches sowie
- Betrachtung des Umfelds und relevanter Entwicklungen, die für die Umsetzung der bereits genannten Aufgaben von Bedeutung sein können.

Die Führung von Mitarbeitenden beginnt bereits mit der Auswahl passender und geeigneter Personen für zu besetzende Stellen (ebd.: 43). Dafür wird Erfahrung und gute Menschenkenntnis benötigt. Führungskräfte müssen in der Lage sein, Bewerber:innen und später dann Mitarbeitende schnell einzuschätzen und „deren Fähigkeiten und Potenziale, aber auch deren Grenzen zu erkennen“ (ebd.: 43). Nur dann können sie optimal eingesetzt und gefördert werden (siehe Kapitel 5 in diesem Band).

Während sich Einzelne noch selbst führen können, ist dies bei Teams und Gruppen schlichtweg unmöglich. Wenn keine Führung ernannt oder gewählt wird, bildet sich in der Regel eine informelle Führung heraus (Simsa 2022: 134). Im Vergleich zur Führung einzelner Mitarbeitender verschiebt sich der Fokus in der Anleitung von Teams oder auch Projektgruppen hin zur Gestaltung der Beziehungen zwischen Mitarbeitenden. Vorrangig geht es hier darum, die Zusammenarbeit optimal zu organisieren – angefangen von der Büro- bzw. Raumgestaltung über die Definition von gemeinsamen Regeln, das Managen von Konflikten, die Moderation von Besprechungen etc. – immer mit Blick auf die Erreichung der Ziele (Simsa/Patak 2016: 44f.). Insbesondere Non-Profit-Organisationen (NPOs) haben hier gemäß Simsa und Patak einen Vorteil, da sie basierend auf der heterarchischen Struktur (siehe Kapitel 3.1 in diesem Band) im Vergleich zu wirtschaftlichen Organisationen mehr Erfahrungen darin haben, partizipativ in Teams zu arbeiten. Zugleich sind Führungskräfte in diesem Rahmen jedoch stärker darin gefordert, informelle Praktiken im Blick zu behalten und Regelerwartungen durchzusetzen. In der Organisationsentwicklung (siehe Kapitel 3.3 in diesem Band) wird Führung eine besondere Rolle zugeschrieben. Führungskräfte müssen Änderungsbedarfe im Blick haben bzw. aufnehmen und den erforderlichen Wandel auch operativ umsetzen und gestalten können. In diesem Prozess müssen sie auch mit Widerständen seitens der Mitarbeitenden umgehen können.

Führungskräfte sind gerade in größeren Organisationen nicht mehr selbst in die inhaltliche Arbeit bzw. die Erbringung sozialer Dienstleistungen involviert. Nichtsdestotrotz müssen sie die Erfüllung inhaltlicher Aufgaben und Ziele stets mitdenken. Voraussetzung dafür ist eine Definition und Vermittlung von Aufgaben an Mitarbeitende und Teams. Dabei gilt es möglichst konkrete, messbare Ziele festzulegen, deren Erreichen auch kontrolliert und gemessen werden kann (Simsa/Patak 2016: 45) (siehe Kapitel 9 in diesem Band). Des Weiteren müssen fachliche Standards für die Arbeit definiert und vermittelt werden (siehe Kapitel 7 in diesem Band). Wenn Mitarbeitende nicht die geforderte Leistung erbringen oder es zu Fehlern kommt, braucht es ein angemessenes Fehlermanagement (siehe Kapitel 10.4 in diesem Band). Das heißt, Führungskräfte müssen dann mit den betreffenden Mitarbeitenden ins Gespräch gehen und Fehler bzw. Bedingungen des Scheiterns analysieren, um daraus zu lernen.

Weitaus grundlegender ist die Aufgabe von Führung, Ziele und Strategien zu bestimmen. Gerade in NPOs ist dies anspruchsvoll, da Führungskräfte hier partizipativ mit den Organisationsmitgliedern arbeiten und zugleich Anforderungen verschiedener Stakeholder (wie z. B. Politiker:innen oder Fördermittelgeber:innen) mitdenken müssen (ebd.: 46f.). Hilfreich ist es dafür, Entwicklungen im für die Organisation relevanten Umfeld zu beobachten und zu interpretieren (ebd.: 47).

Insgesamt betrachtet, ist es damit die „Aufgabe von Führung, die Überlebensfähigkeit einer Organisation zu sichern, indem sie ihre Aufmerksamkeit sowohl nach außen, also auf die vielschichtigen Verflechtungen mit ihrer Umwelt richtet, als auch nach innen und dafür sorgt, dass Kommunikations-, Leistungs- und Entscheidungsstrukturen innerhalb der Organisation stabil ablaufen“ (Kropik 2014: 41). Im nächsten Abschnitt wird es darum gehen, wie Führungskräfte dieses Aufgabenspektrum gut bewältigen können.

6.2 Erfolgreiche Führung – Was eine gute Leitung ausmacht

> „Gute Führung kann Menschen und Organisationen Orientierung geben und zu guten Lösungen beitragen. Schlechte Führung kann demotivieren, gute Lösungen verhindern und letztlich auch Personen krank machen" (Simsa 2022: 134).

Vor diesem Hintergrund stellt sich die Frage, wie gute Führung gelingen kann. Im organisationswissenschaftlichen Diskurs zu erfolgreicher Führung ging es lange um die Frage, welche Eigenschaften und Fähigkeiten Führungskräfte aufweisen müssen, um das zuvor beschriebene Aufgabenspektrum bewältigen zu können. Erst ab den 1960er Jahren wurden dann Verhaltensmuster, verstanden als Führungsstile, untersucht und später auch die Situationen, in denen Führung stattfindet und in die sie eingebettet ist, analysiert (ebd.: 134). Seit den 2000er Jahren geht es vermehrt darum, Führungspraxis zu verstehen und zu reflektieren (Schröer 2018: 483).

Im Folgenden sollen klassische Führungskonzepte, auch -stile genannt, vorgestellt werden, die im Diskurs zu Führung Sozialer Organisationen diskutiert werden.

Transaktionale Führung: Diesem Konzept nach wird Führung als Tauschgeschäft betrachtet. Führungskräfte vereinbaren mit Mitarbeitenden Ziele und Kriterien für ihre Leistungen, die dann die Grundlage für eine Belohnung bei deren Erreichung oder aber für Sanktionen bei Abweichungen oder Scheitern darstellen (Simsa 2022: 135f.).

Autoritäre Führung: Führungskräfte betonen hier ihre hierarchisch übergeordnete Position, die sie legitimiert, Entscheidungen selbst zu treffen, Mitarbeitenden Anweisungen zu geben und mit ihnen direktiv zu kommunizieren. Im Vordergrund steht hier die Erfüllung von Aufgaben und Zielen. Zwischen Führungskräften und Mitarbeitenden herrscht eher Distanz, ihre Rollen unterscheiden sich klar voneinander (ebd.: 136). Diese Form der Führung ist für Soziale Organisationen eher ungewöhnlich und findet sich eher bei Sozialen Unternehmen als in Non-Profit-Organisationen (NPOs).

Transformative Führung: Ziel dieses Konzepts ist es, Mitarbeitende zu motivieren und zu fördern, damit sie sich aus eigenem Bestreben bestmöglich in ihrer Arbeit einbringen (ebd.: 136). Dabei gilt es, die Entfaltung ihres vollen Potenzials zu unterstützen. Dieses Konzept bestärkt besonders Mitarbeitende in Sozialen Organisationen, die ohnehin bereits eine hohe intrinsische Motivation mitbringen. Damit geht eine gewisse Fehlertoleranz einher.

Partizipative Führung: Führungskräfte agieren hier als Teil eines Teams und beziehen Mitarbeitende in Entscheidungen mit ein. Voraussetzung dafür ist die Förderung der Kommunikation, von Feedback und Beziehungen untereinander. Zum Teil werden Aufgaben und Entscheidungen auch an Mitarbeitende delegiert, d. h., die Rollen sind weniger stark abgegrenzt. Entsprechend wird bei Führungskräften eine Mitarbeitendenorientierung deutlich; sie sind um ein gutes Verhältnis und eine Zusammenarbeit auf Augenhöhe bemüht. Je nach Situation kann die Beteiligung der Mitarbeitenden unterschiedlich stark ausgeprägt sein (ebd.: 136).

Geteilte Führung: Insbesondere in der projektorientierten Arbeit wird es erforderlich, dass Führungskräfte Verantwortung abgeben und Führung beispielsweise für den Projektzusammenhang oder einzelne Teilprojekte delegieren (ebd.: 138). Gemäß dem Konzept der geteilten Führung wird Führung „je nach Situation und Kompetenz von unterschiedlichen Personen wahrgenommen" (ebd.: 138). Aufgaben und Verantwortung werden im Team aufgeteilt und Lösungen für Probleme kollaborativ erarbeitet. Gerade in unsicheren, herausfordernden Situationen, in denen es gilt, in der Lösungsfindung die Kompetenzen aller gleichermaßen zu mobilisieren, bietet sich solch ein gemeinsames Vorgehen an, da es den Mitarbeitenden weitgehend autonomes Handeln ermöglicht (ebd.: 139).

Agile Führung: Das agile Führen schließt an ein Verständnis partizipativer und geteilter Führung an. Führungskräfte sollen diesem Konzept nach mit den Mitarbeitenden zusammen „Strukturen […] schaffen, die die Selbstorganisation und Eigenverantwortung der Beteiligten unterstützen und den Sinn der Aufgaben [...] verdeutlichen“ (Rybnikova/Lang 2020: 152) sowie ihre Zusammenarbeit im Team fördern. Führung stärkt damit nur noch eine „zielorientierte Selbststeuerung der Mitarbeiter*innen“ (Simsa 2022: 140). Diese sollen Ziele selbstständig in den Blick nehmen und verfolgen. Führungskräfte sind in der Umsetzung nur noch unterstützend in der Rolle eines:r Coach:in tätig. Die Verantwortung trägt der:die Mitarbeitende bzw. das Team. Die Idee dahinter ist, dass Organisationen schneller auf Veränderungen reagieren können.

In der Praxis mischen und überschneiden sich diese Führungskonzepte, d.h., es handelt sich um Idealtypen. Im Wesentlichen müssen Führungspraktiken zur Organisationskultur passen, also zu den Werten, die der Handlungspraxis innerhalb einer Organisation zugrunde liegen (Simsa 2022: 137). In Sozialen Organisationen fügt sich eine partizipative Führung mit hoher Mitarbeitendenorientierung organisational gut ein. Unter Mitarbeitenden und Ehrenamtlichen herrsch hier meist ein ausgeprägtes Partizipationsbedürfnis (Kropik 2014: 101). Wenn Führungskräfte zu Innovationen und Veränderungen motivieren wollen, wird dies eher durch einen transformativen oder agilen Führungsstil unterstützt als durch einen transaktionalen. Hier besteht ein stärkeres organisationskulturelles Passungsverhältnis, das zu höherer Zufriedenheit und Akzeptanz von Führung führt. Aufpassen muss man als Führungskraft jedoch, dass es nicht zu Konflikt- und Problemvermeidung kommt (ebd.: 49). Nichtsdestotrotz zeigen sich in der Praxis auch Abweichungen (Simsa 2022: 137). Manche Situationen lassen wenig Spielraum für Partizipation, insbesondere wenn nur wenig Zeit oder Ressourcen zur Verfügung stehen, um oftmals aufwendige Beteiligungsprozesse zu ermöglichen. Dann muss eine Führungskraft auch Entscheidungen selbst treffen und durchsetzen.

Judith Muster u.a. (2020) sprechen daher auch vorrangig dann von Führung, wenn es Personen gelingt, in kritischen Momenten Einfluss zu nehmen. Es braucht also vor allem dann Führung, wenn in sozialen Situationen problematische Situationen entstehen (ebd.: 294), in denen kommunikativ ein Führungsanspruch erhoben wird, dem dann auch gefolgt wird. Kritische Momente entstehen dann, wenn formale und informelle Erwartungen und Regeln von Organisationen nicht ausreichen, um ein Handeln der Mitarbeitenden zu ermöglichen (ebd.: 295), wenn Situationen also durch Unsicherheit bestimmt oder gänzlich neu sind. In solchen Situationen wird Führung notwendig, um Handlungssicherheit wiederherzustellen. Führung wird hier beispielsweise durch konkrete Handlungsvorschläge ausgeübt. Werden diese auf- bzw. angenommen, entsteht Gefolgschaft – auch dann, wenn Mitarbeitende nicht hundertprozentig von dem Vorschlag überzeugt sind. Scheitert der Versuch der Einflussnahme, findet keine Führung statt (ebd.: 297). Erfolgreiches Führungshandeln ist somit durch Gefolgschaft gekennzeichnet. Interessant an dieser Konzeption von Führung ist, dass sie letztlich losgelöst von Hierarchie und formal ernannter oder gewählter Führung erfolgen kann – und damit vielleicht genau in den Organisationsalltag von heterarchisch organisierten NPOs passt.

Im Folgenden sollen Herausforderungen, vor denen Führungskräfte in Sozialen Organisationen stehen und mit denen sie umgehen müssen, eingehender betrachtet werden.

6.3 Besondere Herausforderungen von Führung in Sozialen Organisationen

Eine Herausforderung, die alle Führungskräfte in Sozialen Organisationen trifft – unabhängig vom Organisationstyp – ist der Umgang mit verschiedenen, oft widersprüchlichen Werten, die die Organisationspraxis prägen. Soziale Organisationen weisen auf der einen Seite in der Ausrichtung ihrer Dienstleistungen eine starke soziale, moralisch geprägte Wertorientierung auf. Diese Werte stellen wichtige Kriterien dar, die Zielvorstellung und Entscheidungen bestimmen (Samsa/Patak 2016: 14). Auf der anderen Seite orientieren sich Soziale Organisationen, auch Non-Profit-Organisationen, an betriebswirtschaftlichen Kriterien wie beispielsweise Effizienz, Produktivität und nachhaltiger Ressourcennutzung, die zum Teil auch im Widerspruch zur sozialen Wertorientierung stehen. Manchmal sind die betriebswirtschaftlichen Kriterien auch durch Fördermittelgeber:innen vorgegeben. Die Vermittlung zwischen diesen verschiedenen Orientierungen ist äußerst anspruchsvoll. Führungskräfte müssen im besten Fall beides in sich vereinen, um sowohl von den Mitarbeitenden akzeptiert zu werden als auch die Organisation optimal operativ zu steuern.

Darüber hinaus gibt es Herausforderungen, die vorwiegend Non-Profit-Organisationen (NPOs) betreffen. So müssen aufgrund der strukturellen Besonderheit hier hauptamtliche und ehrenamtliche Führungskräfte in der Führung zusammenarbeiten (Beher et al. 2008: 167–172). Dies kann gleichermaßen ein „Gewinn wie auch ein Hindernis für eine Organisation darstellen, je nach dem [sic], wie gut oder schlecht sie gelingt" (ebd.: 167). Gemäß Ingo Bode und Christine Frantz treffen ehrenamtliche Vorstände zwar „zentrale Strukturentscheidungen", jedoch werden „[m]aßgebliche organisationspolitische Weichenstellungen" und die Umsetzung von Zielen vorrangig durch hauptamtliche Führungskräfte „vorgenommen" (Bode/Frantz 2009: 172f.). Und auch wenn eine gemeinsame Grundhaltung vorliegt, kann es im Alltag zu Konflikten bis hin zu Machtkämpfen durch unterschiedliche Interessenslagen kommen. Um dem entgegenzuwirken, sind ein grundsätzlicher Austausch über Ziele und deren Umsetzung sowie ein regelmäßiger Informationsaustausch und eine Abstimmung der Aufgaben und Verantwortungsbereiche notwendig (Beher et al. 2008: 167).

Grundsätzlich ist aufgrund der heterarchischen Struktur von NPOs die Trennlinie zwischen Führung und Geführten weniger stark ausgeprägt (Reihlen 1998). Dies kann in besonders basisorientierten NPOs zu „eine[r] Abwehr von formalen Strukturen und Hierarchie" (Simsa 2022: 134) führen, verbunden mit dem Anspruch, alle Entscheidungen gemeinsam zu treffen. Hierdurch können formale Strukturen unterlaufen werden und Mitarbeitende Veränderungsprozesse blockieren. Damit wird Führung besonders herausforderungsvoll. Simsa schlägt vor, hier von basisdemokratisch organisierten sozialen Bewegungen zu lernen. Herausforderungen und Problemen werden hier mit „kollektive[r]

Reflexion sowie geteilte[n], strikte[n] Regeln“ (ebd.: 143) begegnet. Dabei gilt es immer auch, den Prozess zu beobachten und zu regelmäßigen Zeitpunkten das Vorgehen gemeinsam zu überprüfen. Gerade ein partizipatives Vorgehen im Sinne der basisdemokratischen Selbstorganisation ist gemäß Simsa besonders auf Regeln angewiesen ist, um zu funktionieren (ebd.: 143).

Viele Soziale Organisationen sind im operativen Geschäft auf die Arbeit mit Freiwilligen angewiesen (Bode/Frantz 2009: 172). Entsprechend müssen diese Organisationen attraktive Rahmenbedingungen für Freiwillige schaffen, damit sich diese für sie entscheiden und kontinuierlich dabeibleiben (Habeck 2011: 113). Seitens der Führungskräfte ist hierfür ein sensibles Freiwilligenmanagement in der Anleitung, Begleitung und Unterstützung Ehrenamtlicher nötig. Eine zentrale Herausforderung ist dabei, dass die Führungskräfte in der Praxis nicht, wie gegenüber hauptamtlichen Mitarbeitenden, auf formale Macht setzen und beispielsweise Aufgaben zuweisen können (ebd.: 113). Zugleich muss man im Freiwilligenmanagement damit umgehen, dass Freiwillige vielfach unverbindlicher arbeiten, Sinn und Anerkennung im Engagement suchen und auch einen privaten Austausch einfordern (ebd.: 117). Wie man den Umgang mit diesen Anforderungen gestaltet, ist letztlich abhängig vom persönlichen Führungsstil. Basierend auf ihrer Forschung zum Freiwilligenmanagement identifiziert Sandra Habeck (2011: 119f.) drei Idealtypen, die der Orientierung dienen können (siehe Tabelle 2).

Wie sich in der folgenden Tabelle zeigt, ist das Management Ehrenamtlicher ein Balanceakt auf organisationaler und persönlicher Ebene, der sowohl Kenntnisse organisationaler Zusammenhänge als auch Erfahrung im Umgang mit Ehrenamtlichen erfordert.

Tab. 2: Übersicht Idealtypen der Führung von Ehrenamtlichen

„Führung ehrenamtlichen Personals“	„Persönliche Beziehungsarbeit“	„Pädagogisch gestaltetes Mithandeln“
Die Führungskraft hat ein professionell-distanziertes Verhältnis zu den Freiwilligen, das sich an der Erfüllung von Aufgaben durch die Freiwilligen orientiert.	Die Führungskraft hat eine persönliche Beziehung zu den Freiwilligen und unterstützt sie in ihrer individuellen Gestaltung des Engagements.	Die Führungskraft vertritt die Freiwilligen innerhalb der Organisation und sorgt für ihre Partizipation und die Anerkennung ihres Engagements. Die Beziehung zeichnet sich durch ein Spannungsverhältnis zwischen professionell-distanziertem und persönlichen Kontakt aus.

Quelle: eigene Darstellung in Anlehnung an Habeck 2011: 119f.

IN A NUTSHELL: Leitungshandeln

Innerhalb Sozialer Organisationen spielt Führung eine Schlüsselrolle in der Menschenführung und Organisationsgestaltung. Sie kann sowohl von ehrenamtlichen als auch von hauptamtlichen Führungskräften übernommen werden. Verschiedene Führungsstile lassen sich dabei je nach Situation und Anforderungen der Organisation einsetzen.

Literatur zur Vertiefung

Simsa, Ruth/Patak, Michael (2016): Leadership in Non-Profit-Organisationen. Die Kunst der Führung ohne Profitdenken. Wien: Linde. 2. Aufl.

Quellen

Beher, Karin/Krimmer, Holger/Rauschenbach, Thomas/Zimmer, Annette (2008): Die vergessene Elite. Führungskräfte in gemeinnützigen Organisationen. Weinheim/München: Juventa.

Bode, Ingo/Frantz, Christiane (2009): Die Profis der Zivilgesellschaft. Hauptamtliche in NGOs zwischen Strategie und Commitment. In: Bode, Ingo/Evers, Adalbert/Klein, Ansgar (Hrsg.): Bürgergesellschaft als Projekt. Eine Bestandsaufnahme zu Entwicklung und Förderung zivilgesellschaftlicher Potenziale in Deutschland. Wiesbaden: VS Verlag für Sozialwissenschaften, S. 172–192.

Grunwald, Klaus (2004): Management in Einrichtungen Sozialer Arbeit. In: neue praxis (np), 34, 3, S. 241–258.

Habeck, Sandra (2011): Freiwilligenmanagement. Führung in einem komplexen Kontext. In: Göhlich, Michael/Weber, Susanne Maria/Schiersmann, Christiane/Schröer, Andreas (Hrsg.): Organisation und Führung. Beiträge der Kommission Organisationspädagogik. Organisation und Pädagogik, Band 11. Wiesbaden: VS Verlag für Sozialwissenschaften, S. 113–121.

Herzka, Michael (2013): Führung im Widerspruch. Management in Sozialen Organisationen. Wiesbaden: Springer VS.

Kropik, Andrea (2014): Besonderheiten von Führung und Management in Non-Profit-Organisationen. Eine empirische Betrachtung aus der Perspektive von Führungskräften. Saarbrücken: AV Akademikerverlag.

Muster, Judith/Büchner, Stefanie/Hoebel, Thomas/Koepp, Tabea (2020): Führung als erfolgreiche Einflussnahme in kritischen Momenten. Grundzüge, Implikationen und Forschungsperspektiven. In: Barthel, Christian (Hrsg.): Managementmoden in der Verwaltung. Sinn und Unsinn. Berlin: Springer Gabler, S. 285–304.

Neuberger, Oswald (2002): Führen und Führen lassen. Stuttgart: Lucius & Lucius. 6. Aufl.

Reihlen, Markus (1998): Führung in Heterarchien. Arbeitsbericht Nr. 98. Köln: Seminar für Allgemeine Betriebswirtschaftliche Planung und Logistik der Universität zu Köln.

Rybnikova, Irma/Lang, Rainhart (2020): Partizipative Führung: Auf den Spuren eines Konzeptes. In: Gruppe, Interaktion, Organisation, 51, S. 141–154.

Schröer, Andreas (2018): Führung als Gegenstand der Organisationspädagogik. In: Göhlich, Michael/Schröer, Andreas/Weber, Susanne Maria (Hrsg.): Handbuch Organisationspädagogik. Organisation und Pädagogik, Band 17. Wiesbaden: Springer VS, S. 479–490.

Simsa, Ruth (2022): Leadership und Veränderung – Veränderung von Leadership. In: Koenig, Oliver (Hrsg.): Inklusion und Transformation in Organisationen. Bad Heilbrunn: Verlag Julius Klinkhardt, S. 133–147.

Simsa, Ruth/Patak, Michael (2016): Leadership in Non-Profit-Organisationen. Die Kunst der Führung ohne Profitdenken. Wien: Linde. 2. Aufl.

7 Qualitätsmanagement

THINK ABOUT before reading:

- Was macht Qualität in der Sozialen Arbeit aus?
- Wie kann man Qualität in Sozialen Organisationen messen und warum sollte man das überhaupt tun?
- Mit welchen Konzepten und Instrumenten kann Qualität gesteuert und weiterentwickelt werden?

7.1 Einführung und Begriffsklärung – Qualität im Blick

Qualitätsmanagement (QM) in sozialen Handlungsfeldern wird oft mit zeitraubender Dokumentation und lästigen Kontrollen assoziiert, wohingegen der Beitrag zur Verbesserung der Dienstleistungen und Arbeitsprozesse häufig übersehen wird (Körner 2022). Unter anderem in der Kinder- und Jugendhilfe gibt es seit den späten 1990er Jahren Diskussionen über die Auswirkungen gesetzlicher Qualitätsentwicklungsvereinbarungen und die Einführung von QM wurde begleitet von Debatten über Standardisierung und Ökonomisierung. Obwohl QM mittlerweile im gesamten sozialen Bereich weitverbreitet ist, bleiben Missverständnisse bezüglich der Umsetzung bestehen (Herrmann/Müller 2019: 17f.). Vor diesem Hintergrund verfolgt das Kapitel das Ziel, ein Verständnis für den fachlichen und strukturellen Nutzen, aber auch die Grenzen von QM in der Sozialen Arbeit zu schaffen.

Bevor wir uns tiefer in die Welt des QM in der Sozialen Arbeit begeben, ist es entscheidend, die Begriffe *Qualität* und QM zu klären. Qualität ist zunächst ein wertfreier Begriff und drückt lediglich die Beschaffenheit einer Sache oder Dienstleistung aus. Es handelt sich weder um etwas Positives noch um etwas Negatives, sondern um das Ausmaß, in dem eine Sache oder Dienstleistung die Anforderungen und Erwartungen erfüllt. Die Wahrnehmung von Qualität kann stark subjektiv sein und hängt von der Perspektive der Betrachtenden sowie ihren individuellen Bedürfnissen ab (Deutsche Gesellschaft für Qualität e.V. 2016: 29). Dies kann sich zum Beispiel in einem Hilfeplangespräch zeigen, wenn aus Sicht des Jugendamtes bemängelt wird, dass die vereinbarten konkreten Handlungsziele nicht erreicht wurden, während die Sozialpädagogische Familienhilfe bereits den dafür erforderlichen Beziehungsaufbau als Erfolg bewertet und die beteiligten Eltern wiederum möglichst in Ruhe gelassen werden möchten.

Der weitverbreitete Ansatz des amerikanischen Arztes und Forschers Avedis Donabedian (1980) zur Qualitätsbewertung teilt Qualität in drei Dimensionen ein: *Strukturqualität*, *Prozessqualität* und *Ergebnis- bzw. Leistungsqualität*. Strukturqualität bezieht sich auf die Rahmenbedingungen, die für die Erbringung einer Leistung benötigt werden. Prozessqualität betrachtet die Abläufe von Tätigkeiten, die zur Leistungserbringung führen. Leistungsqualität ist das wahrgenommene Endergebnis der Leistung. Zum Beispiel sollten bei einer Beratungsstelle für Wohnungslose strukturelle Aspekte (z.B. zentrale Lage der Räumlichkeiten), prozessuale Aspekte (z.B. Ablauf des Erstkontakts) und leistungsbezogene Aspekte (Klientel sucht die Anlaufstelle wiederholt auf) betrachtet werden, um ganzheitliche Aussagen über die Qualität des Hilfeangebots treffen zu können.

Qualitätsmanagement wiederum umfasst Maßnahmen, die darauf abzielen, die Qualität in betrieblichen Leistungsprozessen zu sichern. Es geht darum, die sinnvollen Eigenschaften eines Produkts oder einer Dienstleistung zu identifizieren und zu steuern, um die Erwartungen und Anforderungen der Zielgruppen zu erfüllen. Bezogen auf das Beispiel der Beratungsstelle könnte das bedeuten, ausgehend von einer Überprüfung der Ergebnisqualität (z.B. durch eine Befragung der Klientel zu ihrer Zufriedenheit mit dem Angebot) sowohl Maßnahmen auf der Ebene der Prozessqualität (z.B. schnelle Terminvergabe) als auch auf der Ebene der Strukturqualität (z.B. Doppelbesetzung zu Stoßzeiten) einzuleiten, die die Ergebnisqualität erhöhen sollen.

QM ist jedoch nicht nur auf die externe Wahrnehmung ausgerichtet, sondern dient auch dazu, interne Prozesse zu optimieren. Es ermöglicht, fundierte Entscheidungen zu treffen und Prioritäten zu setzen, um eine hohe Qualität in den Leistungsprozessen sicherzustellen (Deutsche Gesellschaft für Qualität e. V. 2016: 36).

7.2 Kurze Geschichte des Qualitätsmanagements – Wegbereiter und Wendepunkte

Die Idee von Qualitätssteuerung findet sich bereits im Mittelalter, denkt man an die Entwicklung von Zünften und Marktordnungen. Sie dienten der Festlegung und Sicherung von Qualitätsstandards der Produkte oder Dienstleistungen und sollten zudem Überproduktion verhindern. Die starke Reglementierung behinderte allerdings die Einführung neuer, möglicherweise effizienterer Produktionsmethoden, was Innovationen bremste. Ein bedeutender Schritt war die Einführung der Herkunftskennzeichnung im Jahr 1887 durch das Königreich England. Diese Maßnahme sollte minderwertige Importe von hochwertigen britischen Waren unterscheiden. Doch ironischerweise etablierte sich das Label *Made in Germany* schnell als Synonym für hohe Qualität, was dazu führte, dass England die Verordnung wieder aufhob (Rössner 2017: 250).

Entscheidend für die Entwicklung eines tatsächlichen QM war jedoch die Industrialisierung um 1900. Zu dieser Zeit verzeichneten die USA massive Bevölkerungszuwächse, weshalb u. a. in der Fleischproduktion ein erheblicher Druck entstand, effizienter zu werden. Der Ingenieur Frederick W. Taylor war Vorreiter des sogenannten *Scientific Management*, das auf Basis der genauen Analyse von Arbeitsschritten und Zeitabläufen Unternehmen dabei unterstützen sollte, Produkte deutlich schneller zu produzieren, ohne dabei Qualitätseinbußen in Kauf nehmen zu müssen (ebd.: 107). In der Automobilproduktion der USA und darüber hinaus wurde wiederum Henry Ford mit der Einführung standardisierter Teile und der Fließbandproduktion überaus erfolgreich. Das nach ihm benannte Konzept des *Fordismus* beeinflusste die industrielle Massenproduktion weltweit und betonte dabei Qualitätsmerkmale wie Zuverlässigkeit und Sicherheit bei gleichzeitig breiter Verfügbarkeit (ebd.: 129f.).

In den 1930er Jahren entwickelte der Physiker, Ingenieur und Statistiker Walter A. Shewhart die *Qualitätsregelkarte* als Methode zur systematischen Fehlererfassung. Diese statistische Herangehensweise wird noch heute im QM verwendet, beispielsweise bei der Medikamentenvergabe, wo bestimmte Intervalle eingehalten werden müssen. Die 1960er Jahre markierten eine Ära des neuen Qualitätsdenkens durch den Statistiker und Wissenschaftler William Edwards Deming, der an Shewarts Überlegungen anknüpfte. Auf Basis seiner Erfahrungen in der Industrieproduktion in Japan entwickelte Deming den sogenannten *Deming-Kreis*, auch bekannt als *PDCA-Konzept* (Plan, Do, Check, Act) oder *Shewart-Zyklus*, der heute die zentrale Grundlage für fast jedes Managementsystem bildet. Deming betonte zudem durch die Einführung des *Kontinuierlichen Verbesserungsprozesses (KVP)* die Bedeutung einer ständigen Optimierung der Prozesse und Leistungen. Die Ingenieure und Berater Armand V. Feigenbaum und Joseph M. Juran wiederum entwickelten mit dem *Total Quality Management* (TQM) eine wichtige Basis für moderne QM-Systeme. TQM betont eine konsequente Kund:innenorientierung und in der Folge eine systematische Integration von Qualität in alle Unternehmensbereiche (Bruhn 2020: 64).

Abb. 16: Historische Entwicklung des Qualitätsmanagements

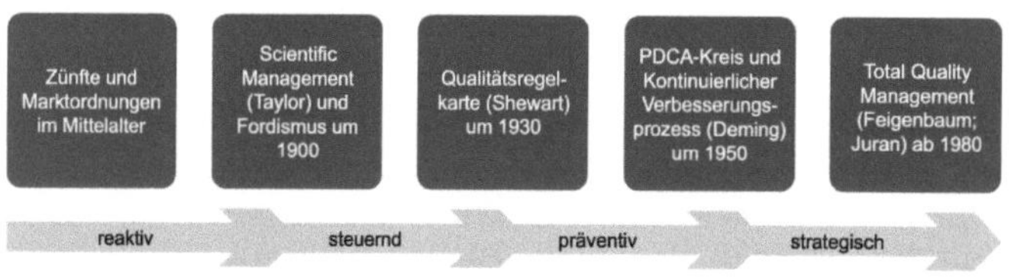

Quelle: eigene Darstellung

Dieser kurze historische Überblick verdeutlicht, wie sich im Laufe der Zeit das Verständnis von QM als einem nachträglichen Reagieren auf Missstände oder Fehler hin zu einem präventiven und ganzheitlichen Steuern der gesamten Betriebsprozesse entwickelt hat (siehe Abbildung 16). Im Folgenden wollen wir uns nun näher mit der Frage beschäftigen, welche Bedeutung dem QM in der Sozialen Arbeit zukommt.

7.3 Qualitätsmanagement in der Sozialen Arbeit – zwischen Steuerungsbedarfen und Handlungsautonomie

Fragen des QM stellen sich in allen Handlungsfeldern der Sozialen Arbeit. Die jeweiligen Schwerpunkte und Zielsetzungen können dabei aber variieren. Bei einem Bildungsträger kann es beispielsweise darum gehen, dass der Träger aufgrund von unvorhergesehenen Umständen (z.B. den Einschränkungen durch die Covid-19-Pandemie) bestimmte Zielvorgaben (z.B. Anzahl der Teilnehmenden von Bildungsmaßnahmen) nicht erreichen konnte und hierüber dem Kostenträger gegenüber Rechenschaft ablegen muss, um zu vermeiden, dass Zahlungen zurückgefordert werden, wodurch der Träger gegebenenfalls in eine finanzielle Schieflage gerät. QM kann an dieser Stelle helfen, da es eine systematische Dokumentation der erbrachten Dienstleistungen und notwendiger Anpassungen vorsieht.

Im Bereich der Kinder- und Jugendhilfe wiederum sichert QM u.a. die Prozesse rund um einen Verdacht auf Kindeswohlgefährdung ab. Aber auch institutionelle Schutzkonzepte, d.h. Richtlinien und Maßnahmen zum Schutz von Kindern und Jugendlichen vor Gewalt, sind Bestandteil des QM. Anders als im vorherigen Beispiel dient das QM hier nicht einer ökonomischen Absicherung, sondern ist inhaltlich ausgerichtet.

Der Fokus des QM ist also abhängig von der Zielsetzung der jeweiligen sozialen Dienstleistung und den Rahmenbedingungen. Betrachten wir beispielsweise ein niedrigschwelliges sozialräumliches Nachbarschaftszentrum, stellt sich die Frage, woran sich die Qualität dieses Angebots bemisst. Ist es die Anzahl der im Stadtteil verteilten Flyer, mit denen auf das Zentrum hingewiesen wird? Sind es die Ergebnisse einer Zufriedenheitsbefragung unter den

Gäst:innen des Zentrums? Oder ist es die Sicherstellung flexibler Öffnungszeiten? Deutlich wird, dass Qualität in der Sozialen Arbeit häufig schwer zu messen ist. Umso mehr stellt sich die Frage, warum dies überhaupt notwendig ist.

Hierzu müssen wir uns den Wandel weg vom „Versorgungsstaat" hin zum „Minimalstaat" bzw. „aktivierenden Staat" (Olk/Speck 2008: 78), der sich seit den 1980er Jahren vollzieht, vergegenwärtigen, mit dem eine Fokussierung auf Effizienz und Wirtschaftlichkeit einherging (siehe Kapitel 1 in diesem Band). Die *Ökonomisierung der Sozialen Arbeit* führte dazu, dass Ziele messbar sein und Leistungen nachweisbar gemacht werden sollten. Hiervon erhoffte man sich eine effektivere Steuerung und Bewertung der Arbeit.

Diese Entwicklung war jedoch nicht der einzige Grund für den Einzug von QM in der Sozialen Arbeit. Vielmehr wurde auch argumentiert, dass eine stärkere Orientierung an messbarer Qualität die Legitimität der Sozialen Arbeit stärke und die Professionalisierung vorantreibe, indem die Sozialarbeitenden angehalten seien, ihr Handeln zu dokumentieren und Rechenschaft darüber abzulegen (Merchel 2013: 19). In Abbildung 17 werden Nutzen und Chancen sowie Herausforderungen und Risiken, die in QM gesehen werden, gegenübergestellt.

Abb. 17: Pro- und Kontra-Argumente zu Qualitätsmanagement in der Sozialen Arbeit

NUTZEN UND CHANCEN VON QM

- Legitimation Sozialer Arbeit
- Unterstützung von Professionalisierung
- Förderung von Adressat:innen-Orientierung
- Einhaltung von gesetzlichen Vorgaben
- Effektivitäts- und Effizienzsteigerung

HERAUSFORDERUNGEN UND RISIKEN VON QM

- Schwierige Messbarkeit
- Problematische Komplexitätsreduktion
- Mögliche Überbürokratisierung
- Hoher Zeitaufwand
- Beförderung der Ökonomisierung

Quelle: eigene Darstellung

Die beschriebene Entwicklung führte dazu, dass das Thema Qualität schrittweise auch in der Sozialgesetzgebung verankert wurde. Beispielsweise dürfen im Bereich der Arbeitsförderung nur Träger tätig sein, die über „ein System zur Sicherung der Qualität" (§ 178 SGB III) verfügen. In der Kinder- und Jugendhilfe wird wiederum vor allem die Notwendigkeit einer dialogischen „Qualitätsentwicklung" (§ 79a SGB VIII) betont, die durch die „Bildung von Arbeitsgemeinschaften" (§ 78 SGB VIII) zwischen dem öffentlichen Träger und den freien Trägern institutionell abgesichert wird.

Aber welche Methoden zur Messung der Qualität von Sozialer Arbeit gibt es? Hier ist zu unterscheiden zwischen Kennzahlen und Richtwerten. Beispiele für Kennzahlen sind z. B. die Anzahl an Klient:innenkontakten pro Jahr, die durchschnittliche Dauer einer Beratungssitzung oder auch Vermittlungsquoten in andere Einrichtungen. Bei der Definition von Kennzahlen wird in der Regel das sogenannte *SMART-Prinzip* angewendet (spezifisch, messbar, akzeptiert, realistisch und terminierbar) (siehe Kapitel 9 in diesem Band). Kennzahlen können in normative Richtwerte umgewandelt werden, etwa wenn eine Kommune sich das Ziel setzt, dass die Anzahl an Kitaplätzen innerhalb von fünf Jahren um fünfzehn Prozent ansteigen soll, um allen Familien einen Kitaplatz anbieten zu können. Im Benchmarking könnte dann sowohl die Erreichung dieses Richtwerts überprüft als auch mit anderen Kommunen verglichen werden.

Es gibt jedoch auch kritische Stimmen hinsichtlich eines kennzahlenbasierten QM in der Sozialen Arbeit. So wird argumentiert, dass QM zentrale Merkmale von Professionalität wie Handlungsautonomie und fachliche Selbststeuerung untergrabe, indem Prozesse verregelt würden. Zudem wird kritisiert, dass die im QM verwendeten Instrumente aus der Wirtschaft kämen und insofern die Ökonomisierung befeuerten, statt der Eigenlogik der sozialarbeiterischen Praxis gerecht zu werden (Herrmann/Müller 2019: 22). Wenn beispielsweise ein Teilnehmer einer Berufsbildungsmaßnahme diese abbricht, weil er für sich eine andere berufliche Perspektive entdeckt hat, die er nun hochmotiviert verfolgt, dann ist dies aus sozialarbeiterischer Sicht als Erfolg zu bewerten, da der Teilnehmer autonom und selbstwirksam handelt. Aus einer rein statistischen Sicht könnte der Abbruch der Maßnahme aber als Misserfolg bewertet werden. Gute Qualität kann also nicht in jedem Fall auf Kennzahlen reduziert werden, sondern es müssen auch qualitative Daten zur Bewertung herangezogen werden. Ein reflektierter Umgang mit Kennzahlen erfordert daher ein Bewusstsein über die mit ihnen einhergehende Komplexitätsreduktion.

7.4 Konzepte des Qualitätsmanagements – zwischen Normenkontrollen und kritischer Selbstreflexion

Wie wird QM in der Sozialen Arbeit konkret umgesetzt? Um hier einen Einblick zu ermöglichen, werden im Folgenden zunächst drei in der Sozialen Arbeit häufiger anzutreffende, übergreifende QM-Konzepte vorgestellt und miteinander verglichen.

Die *ISO 9001*, eine national wie international weit verbreitete Norm für QM-Systeme, legt Anforderungen fest, die Organisationen dabei helfen, qualitativ hochwertige Produkte und Dienstleistungen bereitzustellen. Sie basiert auf vier Grundprinzipien: Orientierung an Kund:innen, Prozessperspektive, fortlaufende, datenbasierte Verbesserung und Risikomanagement (Brugger-Gebhardt 2014: 3). Nehmen wir an, eine Familienbildungsstätte strebt eine ISO-9001-Zertifizierung an. Zunächst müsste die Bildungsstätte hierfür, ausgehend von ihrem gemeinnützigen Auftrag, die aktuellen Bedarfe ihrer Zielgruppe analysieren, um anschließend dementsprechende Anpassungen zu planen und die bisherigen Angebote so zu verändern oder zu erweitern. Durch ein solches Vorgehen – gemäß dem weiter oben erwähnten PDCA-Zyklus – kann die Einrichtung einen verantwortlichen Umgang mit den ihr zur Verfügung gestellten öffentlichen Geldern nachweisen. Damit sichert sie wiederum ihre finanzielle Existenz ab.

Vorteile eines an der ISO 9001 orientierten QM sind die klare Strukturierung von Prozessen, die Fokussierung auf Kund:innenzufriedenheit und die kontinuierliche Optimierung. Kritisiert wird die starke Normorientierung, die die spezifischen Bedarfe einer

Organisation nur bedingt berücksichtigt. Zudem wird bemängelt, dass sich die Qualitätsnorm zu sehr auf bürokratische Aspekte fokussiere und weniger auf die tatsächliche inhaltliche Qualität der Dienstleistungen (Herrmann/Müller 2019: 43).

Das *EFQM-Modell* wurde von der European Foundation of Quality Management entwickelt und fokussiert stärker als ISO 9001 das Ergebnis der Produktion oder Dienstleistung. Zudem betont die im Jahr 2019 überarbeitete Version des EFQM eine Ausrichtung auf Zweck, Vision und Organisationskultur und integriert die UN-Ziele für nachhaltige Entwicklung. Während ISO 9001 klare Richtlinien für Prozesse und Qualitätsstandards liefert, werden im EFQM nach Möglichkeit die Sichtweisen aller Mitarbeitenden auf den Verbesserungsprozess berücksichtigt, wodurch mehr Raum für ganzheitliche und kreative Lösungsansätze besteht (Horner 2020). Ein sozialer Träger der Eingliederungshilfe, dessen Führungsebene besonderen Wert auf eine wertegeleitete und partizipative Organisationskultur legt, wird sein QM daher vermutlich eher am EFQM-Modell ausrichten als an ISO 9001.

Der Ansatz der *Kundenorientierten Qualitätstestierung (KQS)* wiederum hebt die Besonderheiten sozialer Dienstleistungen hervor. Die Kund:innen stehen als „kundige Ko-Produzenten" im Mittelpunkt der Qualitätsbemühungen (Zech/Dehn 2023: 15). Die kontinuierliche Qualitätsentwicklung erfolgt in erster Linie qualitativ-reflexiv unter Berücksichtigung der Entwicklungspotenziale der Organisation, daher kann der KQS-Ansatz in unterschiedlichen Organisationsformen angewendet werden. Stellen wir uns eine Einrichtung der Suchthilfe vor, die nach dem KQS arbeitet. Hier würden, ausgehend von einer Abfrage der Anforderungen und Bedarfe aller Stakeholder:innen der Einrichtung, also der Adressat:innen, der Mitarbeitenden sowie des Kostenträgers, organisationsspezifische Qualitätsziele formuliert, Prozesse zu ihrer Umsetzung definiert sowie Kriterien zur Überprüfung der Zielerreichung festgelegt. Bei der anschließenden Qualitätsprüfung werden zwar auch externe Qualitätsprüfende hinzugezogen, die aber eher eine moderierende als kontrollierende Funktion haben, indem sie den Selbstreflexionsprozess der Einrichtung begleiten.

Ein Nachteil des KQS im Vergleich zu ISO 9001 und EFQM kann in der fehlenden Standardisierung gesehen werden, wodurch die Qualitätsbewertung weniger stringent ist als bei den zwei zuvor skizzierten Ansätzen.

Abb. 18: Konzepte und Instrumente des Qualitätsmanagements

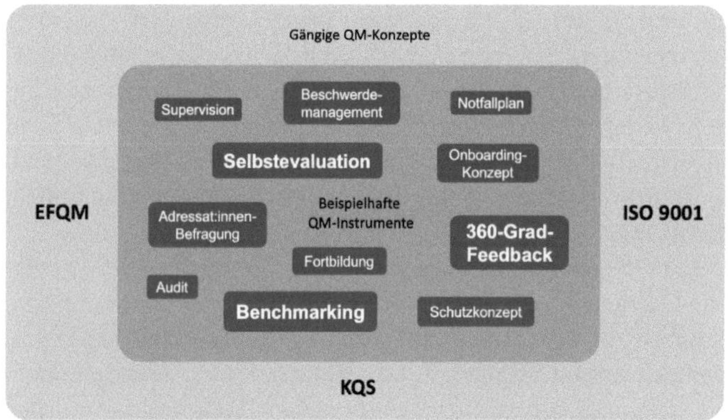

Quelle: eigene Darstellung

7.5 Instrumente des Qualitätsmanagements – von der Datenanalyse bis zum Mitarbeitenden-Feedback

Nach der Vorstellung von drei übergreifenden Konzepten des QM werden im Folgenden beispielhaft drei konkrete Instrumente vorgestellt, die im Rahmen des Qualitätsmanagements in der Sozialen Arbeit Anwendung finden.

Benchmarking ist ein Evaluationsinstrument, das auf Basis von Leistungsvergleichen Steuerung ermöglicht. In der Sozialen Arbeit wird Benchmarking unter anderem eingesetzt, um die Qualität von Angeboten unterschiedlicher Träger zu vergleichen. Beispielsweise könnte ein kommunaler Kostenträger angesichts knapper werdender Haushaltsmittel für die Gewaltpräventionsarbeit an Schulen mittels Benchmarking herausfinden, welche der verschiedenen präventiven Angebote von Schüler:innen, Lehrkräften und Erziehungsberechtigten als besonders positiv bewertet werden. Auf dieser Basis könnte dann entschieden werden, welche Angebote von welchem Träger weiter finanziert werden und welche nicht.

Benchmarking setzt aussagekräftige qualitative oder quantitative Vergleichskriterien voraus, z. B. eine festgelegte Kennzahl, die erreicht werden soll oder nicht überschritten darf. Zudem ist Benchmarking nur dann sinnvoll, wenn sich die Beteiligten datenehrlich verhalten, d. h. ihre Daten nicht schönen, um besser als andere Beteiligte dazustehen. Neben der Steuerungsfunktion kann Benchmarking auch die Motivation von Mitarbeitenden stärken, da es Erfolge sichtbarer macht (Burmeister 2022: 93; Reichstein 1998: 1f.).

Im Gegensatz zum Benchmarking ist die *Selbstevaluation* ein Instrument, das darauf abzielt, als Organisation die eigene Struktur-, Prozess- und Leistungsqualität zu bewerten, um daraus Verbesserungen abzuleiten. Die Methoden zur Selbstevaluation stammen aus der empirischen Sozialforschung; genutzt werden quantitative Dokumentationen oder Befragungen, aber auch qualitative Beobachtungen oder Interviews (König 2020).

Selbstevaluationen werden beispielsweise durchgeführt, wenn ein Träger den Fortbestand eines Modellprojekt sichern und dafür potenziellen Geldgeber:innen gegenüber die Sinnhaftigkeit des Projektes nachweisen möchte. Denken wir an ein Theaterprojekt mit Menschen mit psychischer Erkrankung. Hier käme eine Kombination aus einem quantitativen Selbsteinschätzungsbogen bezüglich der von den Teilnehmenden wahrgenommenen Ressourcenstärkung und qualitativen Beobachtungen sowie Interviews mit den Projektmitarbeitenden in Frage, die inhaltsanalytisch ausgewertet werden könnten.

Selbstevaluation ist ein wertvolles Instrument, das es ermöglicht, die eigene Arbeit zu reflektieren, zu verbessern und letztendlich zu professionalisieren. Es ist ein kontinuierlicher Prozess, der die Fachkräfte aktiv in die Qualitätsentwicklung ihrer Arbeit einbindet und eine evidenzbasierte Grundlage für Verbesserungen schafft. Die Durchführung einer aussagekräftigen Selbstevaluation ist allerdings fachlich und zeitlich durchaus anspruchsvoll (ebd.).

Beim *360-Grad-Feedback* denkt man zunächst vielleicht gar nicht an QM, sondern eher an Führungskompetenz, Mitarbeitendenzufriedenheit oder Unternehmensklima. Aber auch dieses Instrument kann als ein Baustein des QM verstanden werden, zielt es letztlich doch darauf ab, die Qualität der Führung in der Organisation zu überprüfen und zu verbessern. Das 360-Grad-Feedback ermöglicht verschiedenen beruflichen Parteien wie Vorgesetzten, Kolleg:innen, Mitarbeitenden sowie gegebenenfalls auch externen Kooperationspartner:innen die Beurteilung einer Führungskraft. Dabei kann das Feedback systematisch mittels eines Fragebogens oder einer App erfolgen. Teilweise kommen aber auch Live-Feedbackrunden zum Einsatz, in denen einer Person offen und ohne inhaltliche Vorgabe Feedback gegeben wird, vorausgesetzt, es ist konkret und konstruktiv (Scherm/Sarges 2019: 8).

Stellen wir uns beispielsweise einen Träger der Altenhilfe vor, bei dem eine Befragung der Mitarbeitenden ergeben hat, dass die Belegschaft unzufrieden mit dem Verhalten einiger Führungskräfte ist. Der Vorstand könnte nach Beratung mit der Personalabteilung und QM-Stabstelle entscheiden, das 360-Grad-Feedback als neuen Baustein im Rahmen des bestehenden QM-Systems zunächst zu testen und bei positiver Rückmeldung dauerhaft zu implementieren. Im nächsten Schritt würde die QM-Stabstelle einen passenden bestehenden Fragebogen zum 360-Grad-Feedback entwickeln oder von außen einkaufen. Danach würde die Bewertung der Führungsebene durchgeführt und Ergebnisse und Schlussfolgerungen würden schließlich unter Beteiligung von Betriebsrat und Führungsebene ausgewertet und an die Belegschaft kommuniziert.

Das 360-Grad-Feedback dient dazu, Kompetenzen und Schwächen aus verschiedenen Blickwinkeln zu identifizieren, was zielgerichtete Personalentwicklung ermöglicht – in unserem Beispiel Führungskräfteentwicklung. Zudem kann dieses Feedback-System helfen, eine offene Feedbackkultur zu fördern, was wiederum die Zufriedenheit der Mitarbeitenden stärken und ihre

Bindung zur Organisation fördern kann. Ein Nachteil des Instruments ist der vergleichsweise hohe Zeitaufwand (ebd.: 83).

7.6 Verankerung von Qualitätsmanagement – zur Bedeutung von Führung und Beteiligung

Nachdem in den vorangegangenen Kapiteln der Sinn und Zweck, aber auch die Grenzen von QM in der Sozialen Arbeit vorgestellt und Konzepte und Instrumente des QM skizziert wurden, wird in diesem abschließenden Kapitel darauf eingegangen, wie QM-Strukturen und -prozesse in Sozialen Organisationen eingeführt und verankert werden können. QM ist eine komplexe Aufgabe innerhalb einer Organisation, und der Erfolg hängt von verschiedenen Faktoren ab, allem voran der Akzeptanz seitens der Mitarbeitenden. Eine Theorie, die die Einführung neuer Prozesse in Organisationen erklärt, ist die *Diffusionstheorie* des US-amerikanischen Kommunikationswissenschaftlers und Soziologen Everett Rogers (2003), die den Prozess der Annahme oder Ablehnung einer Innovation beschreibt (siehe Kapitel 10.6 in diesem Band). Laut seiner Theorie ist es zentral, dass den Beteiligten bei der Einführung der Innovation umfangreiches Wissen über ihren Sinn und Zweck vermittelt wird. Denn auf dieser Basis bilden sich diese ihre erste Meinung über die Veränderung. Dabei spielt auch der Austausch zwischen den Beteiligten eine wichtige Rolle, daher sollte an dieser Stelle Vermutungen und Gerüchtebildung durch Faktenwissen begegnet werden. Auf dieser Grundlage entscheiden sich die Beteiligten im nächsten Schritt – nicht unbedingt bewusst –, die Innovation zu akzeptieren oder abzulehnen. In der Folge verankern sie sie mehr oder weniger aktiv in ihren Arbeitsalltag und werden sie schließlich, abhängig von den weiteren Erfahrungen, die sie mit der Innovation machen, als sinnvoll bestätigen oder endgültig ablehnen (siehe Abbildung 19).

Abb. 19: Diffusionstheorie nach Everet M. Rogers

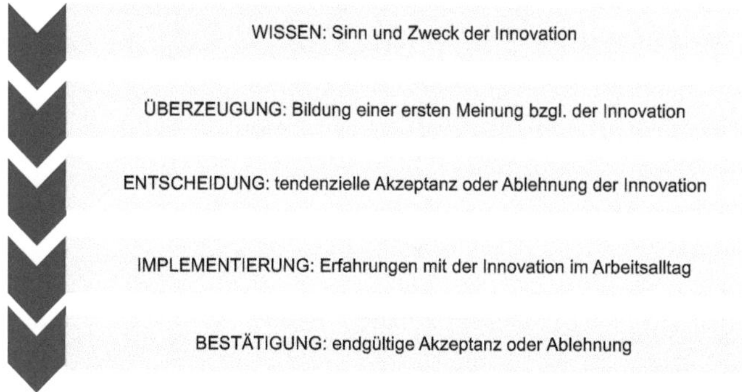

Quelle: eigene Darstellung

Stellen wir uns zum Beispiel vor, dass ein Träger der Sozialen Arbeit plant, sein QM zu professionalisieren und Arbeitsprozesse zukünftig nach dem EFQM-Ansatz zu strukturieren und zu steuern. Werden bei der Einführung dieser Veränderung die damit verbundenen Vorteile von der Führungsebene nicht überzeugend und anschaulich vermittelt und wird kein Raum gegeben, um über Fragen und Bedenken zu sprechen, besteht das Risiko, dass der EFQM-Ansatz bereits vor seiner eigentlichen Implementierung als unnötige Bürokratie bewertet und mindestens passiv abgelehnt wird. Denn die Beteiligten fühlen sich nicht mitgenommen, wodurch die Wahrscheinlichkeit sinkt, dass die Implementierung dauerhaft erfolgreich ist.

Weitere Erfolgsfaktoren für ein nachhaltiges QM sind ausreichende Zeitressourcen für die Implementierung, eindeutige Verantwortlichkeiten sowie das klare Signal, dass die Führungsebene QM tatsächlich für wichtig hält und die zum Beispiel im Rahmen von *Qualitätszirkeln* unter Beteiligung von Mitarbeitenden herausgearbeitete notwendige Veränderungen auch tatsächlich angeht (Zech 2019: 35).

Ein häufiger Stolperstein für die Umsetzung von QM in Organisationen ist es, wenn die Mitarbeitenden den Eindruck entwickeln, QM-Zertifikate erfüllten lediglich eine Alibi-Funktion und seitens der Führung bestehe gar kein echtes Interesse an einer Qualitätssicherung und -entwicklung. Hinderlich ist es auch, wenn QM-Beauftragte nur als Kontrolleur:innen oder gar als Krisenfeuerwehr wahrgenommen werden, da dies den Nutzen von QM verkennt. Vor diesem Hintergrund kann die Zukunft des QM in der Integration verschiedener Aspekte wie Innovations- und Risikomanagement, Personalentwicklung sowie in der effektiven Nutzung relevanter Daten gesehen werden.

IN A NUTSHELL: Qualitätsmanagement

Qualitätsmanagement in der Sozialen Arbeit ist weitaus mehr als Dokumentation und Bürokratie. Sinnvoll umgesetzt sichert Qualitätsmanagement die Legitimität Sozialer Arbeit und unterstützt die Professionalisierung. Zugleich ist Qualitätsmanagement herausfordernd, da jeder Versuch, Qualität in der Sozialen Arbeit zu messen, immer eine Komplexitätsreduktion bedeutet, deren Folgen gut durchdacht sein wollen. Qualitätsmanagement sollte daher immer von den Bedarfen der Adressat:innen ausgehen und die Sichtweisen der Sozialarbeitenden einbeziehen.

Literatur zur Vertiefung

Herrmann, Franz/Müller, Bettina (2019): Qualitätsentwicklung in der Sozialen Arbeit. Grundlagen, Methoden, Umsetzung. Grundwissen Soziale Arbeit, Band 33. Stuttgart: Kohlhammer.

Zech, Rainer (2019): Qualitätsmanagement und gute Arbeit. Grundlagen einer gelingenden Qualitätsentwicklung für Einsteiger und Skeptiker. Essentials. Wiesbaden: Springer. 2. Aufl.

Quellen

Brugger-Gebhardt, Simone (2014): Die DIN EN ISO 9001 verstehen. Die Norm sicher interpretieren und sinnvoll umsetzen. Wiesbaden: Springer Gabler.

Bruhn, Manfred (2020): Qualitätsmanagement für Dienstleistungen. Handbuch für ein erfolgreiches Qualitätsmanagement. Grundlagen – Konzepte – Methoden. Berlin/Heidelberg: Springer Gabler. 12. Aufl.

Burmeister, Joachim (2022): Benchmarking. In: Deutscher Verein für öffentliche und private Fürsorge e. V. (Hrsg.): Fachlexikon der Sozialen Arbeit. Baden-Baden: Nomos, S. 93 9. Aufl.

Deutsche Gesellschaft für Qualität e.V. (Hrsg.) (2016): Qualitätsmanagement in der sozialen Dienstleistung. Nützlich – lebendig – unterstützend. Grundlagentexte Soziale Berufe. Weihnheim: Beltz Juventa.

Donabedian, Avedis (1980): The Definition of Quality and Approaches to Its Assessment. Explorations in Quality Assessment and Monitoring. Band 1. Chicago: Health Administration Press.

Herrmann, Franz/Müller, Bettina (2019): Qualitätsentwicklung in der Sozialen Arbeit. Grundlagen, Methoden, Umsetzung. Grundwissen Soziale Arbeit, Band 33. Stuttgart: Kohlhammer.

Horner, Felix (2020): EFQM? Was ist das? Wer nutzt es? https://esprix.ch/efqm-grundbegriffe/ [Zugriff: 14.03.24].

König, Joachim (2020): Selbstevaluation. https://www.socialnet.de/lexikon/918 [Zugriff: 14.03.2024].

Körner, Gabriele (2022): Qualitätsmanagement im sozialen Bereich. Anforderungen, Chancen und Fallstricke. https://www.socialnet.de/materialien/29397.php [Zugriff: 14.03.2024].

Merchel, Joachim (2013): Qualitätsmanagement in der Sozialen Arbeit. Eine Einführung. Weinheim/Basel: Beltz Juventa. 4. Aufl.

Olk, Thomas/Speck, Karsten (2008): Qualität und Qualitätsentwicklung in der Sozialpädagogik. In: Klieme, Eckhard/Tippelt, Rudolf (Hrsg.): Qualitätssicherung im Bildungswesen. Eine aktuelle Zwischenbilanz. Weinheim/Basel: Beltz Juventa, S. 76–95.

Reichstein, Robert (1998): „Wie ist es bei Dir gelaufen?" Benchmarking in Non-Profit-Organisationen. http://www.beratung-kreativ.de/PDF/benchm.pdf [Zugriff: 14.03.2024].

Rogers, Everett M. (2003): Diffusion of innovations. New York: Free Press. 5. Aufl.

Rössner, Philipp Robinson (2017): Wirtschaftsgeschichte neu denken. Mit einer Darstellung der Ursprünge moderner ökonomischer Theorien. Stuttgart: Schäffer & Poeschel.

Scherm, Martin/Sarges, Werner (2019): 360°-Feedback. Praxis der Personalpsychologie, Band 1. Göttingen: Hogrefe. 2. Aufl.

Zech, Rainer (2019): Qualitätsmanagement und gute Arbeit. Grundlagen einer gelingenden Qualitätsentwicklung für Einsteiger und Skeptiker. Essentials. Wiesbaden: Springer. 2. Aufl.

Zech, Rainer/Dehn, Claudia (2023): Kundenorientierte Qualitätstestierung für Soziale Dienstleistungsorganisationen. https://www.qualitaets-portal.de/kundenorientierte-qualitaetstestierung-fuer-soziale-dienstleistungsorganisationen/ [Zugriff: 14.03.2024].

8 Öffentlichkeitsarbeit

THINK ABOUT before reading:

- Warum müssen auch Soziale Organisationen Öffentlichkeitsarbeit betreiben?
- Mit welchen Erwartungen sind Soziale Organisationen durch Journalist:innen und Medien konfrontiert?
- Wie kann Öffentlichkeitsarbeit praktisch aussehen und gelingen?

Die Soziale Arbeit steht vor allem im Fokus der Medien, wenn es um Kindeswohlgefährdung und Kinderschutz geht. Dann wird insbesondere das Jugendamt und seine Mitarbeitenden als „überlastete[...], überforderte[...] oder auch als untätige[...] Behörde [...] identifizier[t], der es von außen betrachtet nicht gelungen ist, junge Menschen vor Gefahren für ihr Wohl zu schützen" (Enders 2019: 423). Damit wird vor allem ein negatives Bild Sozialer Arbeit transferiert, das auch den Blick der Bevölkerung prägt. Dabei hat diese Berichterstattung auch positive Effekte, auf die Sonja Enders hinweist. Sie hat bewirkt, dass in der Kommunalpolitik nicht mehr über eine Kürzung der finanziellen Ressourcen diskutiert wird und Politiker:innen bewusst ist, dass die Arbeit des Jugendamtes eine Notwendigkeit darstellt (ebd.: 425). Die Bevölkerung ist aufmerksamer gegenüber Kindeswohlgefährdungen geworden und meldet diese häufiger. Auch wurden nach der Veröffentlichung dramatischer Einzelfälle Standards im Kinderschutz eingeführt (ISS 2010: 17, zit. nach Enders 2019: 425).

Die Medien – verstanden als alle vorhandenen „Informations- und Kommunikationsmittel" (Wensierski 2018: 981) – sind maßgeblich an der Konstruktion öffentlicher (Fremd-)Bilder der Sozialen Arbeit beteiligt (Kessler 2022: 68). Diese Bilder entstehen und verändern sich nicht von heute auf morgen, sondern müssen über längere Zeit in den Medien wiederholt werden (Straub 2001: 266). Das heißt, je häufiger ein Bild Sozialer Arbeit vermittelt wird, desto eher wird es Teil der Vorstellungen von und Erfahrungen mit Sozialer Arbeit in der Bevölkerung (ebd.: 266).

In Studien zum Fremdbild Sozialer Arbeit (Flösser 1994; Gibelman 2004; LeCroy/Stinson 2004), deutet sich an, dass der Bevölkerung die vielfältigen Angebote und Leistungen Sozialer Arbeit meist nicht bekannt sind. Teilweise erkennen Befragte Sozialarbeitende in bestimmten Handlungsfeldern gar nicht, da diese nicht ihrer Vorstellung von Sozialer Arbeit entsprechen. Und obwohl sie Soziale Arbeit als wichtig und notwendig für die Gesellschaft ansehen, wollen sie selbst möglichst keinen Kontakt, da sie gesellschaftliche Stigmatisierung befürchten.

Eine Veränderung der Fremdbilder und der Wahrnehmung von Sozialer Arbeit erfordert eine aktive Öffentlichkeitsarbeit und einheitliches Auftreten Sozialarbeitender. Doch obwohl Öffentlichkeitsarbeit längst Teil der Ausbildung Sozialarbeitender ist, wenden diese sich nur zögerlich an die Medien. Wenn Medien von Sozialarbeitenden wahrgenommen werden, dann, etwas überspitzt formuliert, nur hinsichtlich eines zumeist problembehafteten Medienkonsums und problematischer Mediensozialisation von Kindern und Jugendlichen in der Kinder- und Jugendhilfe (Wensierski 2018: 981).

Während der Corona-Pandemie war die Soziale Arbeit in den Medien und der Öffentlichkeit weitgehend unsichtbar (Kessler 2022). Während im Gesundheits- und Bildungswesen prekäre Arbeitsbedingungen und mangelnder Infektionsschutz bei Fachkräften öffentlich anerkannt und über Schutzmaßnahmen diskutiert wurde, fühlten sich Sozialarbeitende von Öffentlichkeit und Politiker:innen vergessen (Tobies-Jungenkrüger/Kessler/Hunold 2023: 220). Dabei konnten längst nicht alle Einrichtungen schließen, stationäre Einrichtungen in der Kinder- und Jugendhilfe oder auch Behindertenhilfe mussten weiter geöffnet bleiben und Sozialarbeitende unter erhöhtem Infektionsrisiko ihrer Arbeit nachgehen. Doch trotz des Gefühls, nicht gesehen und anerkannt zu werden, unternahmen die von Maike Tobies-Jungenkrüger interviewten Sozialarbeitenden nichts, um auf ihre berufspolitischen und arbeitsfeldspezifischen Interessen und Themen aufmerksam zu machen (ebd.: 222). Dabei sind sie kein Einzelfall.

Im Folgenden soll aufgezeigt werden, wie eine aktive Öffentlichkeitsarbeit aussehen und gelingen kann. Dabei gilt es sich auch mit Erwartungen von Journalist:innen auseinanderzusetzen und sich der eigenen Ziele bewusst zu sein.

8.1 Ziele von Öffentlichkeitsarbeit

Bereits in der frühen Armenpflege gab es Ansätze einer Öffentlichkeitsarbeit, um Almosen (Spenden) für diese zu sammeln. Johann Hinrich Wichern, Gründer des Rauhen Hauses in Hamburg, veröffentlichte ab 1845 die *Fliegenden Blätter*, um damit über die Arbeit der ‚Inneren Mission' (dem Vorläufer der heutigen Diakonie) zu informieren und Förderer zu gewinnen (Puhl 2017a: 157; Harald Fischer Verlag o.J.). Ziel war also bereits damals, die positiven Aspekte der eigenen Arbeit zu vermitteln und hierdurch Unterstützung und Spenden zu gewinnen.

Heute sind die Ziele von Öffentlichkeitsarbeit …

auf *Ebene der Adressat:innen*:

- Es sollen potenzielle Adressat:innen auf die eigenen Angebote und Leistungen aufmerksam gemacht und die Schwelle für deren Inanspruchnahme möglichst niedrig gehalten werden. Gerade Soziale Organisationen, die in Handlungsfeldern agieren, die auf einer freiwilligen Komm-Struktur basieren (z.B. die offene Kinder- und Jugendarbeit, nonformale Bildungsangebote), müssen auf sich aufmerksam machen und überlegen, wie sie Adressat:innen ansprechen (Schillo 2002: 199). Hier geht Öffentlichkeitsarbeit in Marketing über (Quilling et al. 2013: 94).

auf *organisationaler Ebene*:

- Durch den Fachkräftemangel in der Sozialwirtschaft stehen Soziale Organisationen mitunter in Konkurrenz um rare Fachkräfte. Öffentlichkeitsarbeit soll daher auch interessierte Bewerber:innen ansprechen und die eigene Soziale Organisation als attraktiven Arbeitgeber darstellen. Wer nicht sichtbar ist, erhält tendenziell weniger Bewerbungen.

- Da Klient:innen Sozialer Arbeit die von ihnen genutzten Dienstleistungen meist nicht selbst bezahlen können, sind Soziale Organisationen auf eine Re-Finanzierung durch staatliche Leistungsträger, Fördermittelgeber:innen oder Sponsor:innen angewiesen. Diese müssen von der Sinnhaftigkeit und Qualität der Angebote und Leistungen überzeugt und kontinuierlich informiert werden. Die Beschaffung von Mitteln ist daher eng verknüpft mit der Öffentlichkeitsarbeit Sozialer Organisationen (Schillo 2002: 206f.)

auf *Ebene von Politik und Gesellschaft*:

- Es soll Einfluss auf die öffentliche Meinungsbildung im Sinne der Sozialen Arbeit und ihrer Klient:innen genommen werden. Dabei gilt es die Inanspruchnahme sozialarbeiterischer Dienstleistungen sowie die Klient:innen selbst gesellschaftlich zu entstigmatisieren. Ziel ist es, mehr gesellschaftliche Wertschätzung zu erreichen und Vertrauen in die Arbeit Sozialer Organisationen aufzubauen (Enders 2019: 435). Sozialarbeitende sollten dabei auch das politische Mandat für die Adressat:innen Sozialer Arbeit übernehmen und ihre Interessen stellvertretend in öffentliche Diskurse einbringen (Schillo 2002: 198).
- „Dem Kampf um Anerkennung geht der Kampf um Aufmerksamkeit voraus" (Hamburger 2018: 1103). Wenn Soziale Arbeit mehr öffentliche Anerkennung, bessere Arbeitsbedingungen und eine angemessene Bezahlung erreichen will, muss sie auf ihre Arbeit, ihre eigenen berufspolitischen Interessen sowie die erforderliche Expertise in der Erbringung ihrer Leistungen aufmerksam machen (Puhl 2017a: 158).

Dementsprechend richtet sich die Öffentlichkeitsarbeit Sozialer Arbeit an unterschiedliche Zielgruppen und Teilöffentlichkeiten (Straub 2001: 269), die gegebenenfalls auch auf unterschiedliche Art und Weise angesprochen werden müssen. Im nächsten Abschnitt soll es darum gehen, wie dies auf effizienten und professionellen Wegen gelingen kann.

8.2 Konzepte und Strategien professioneller Öffentlichkeitsarbeit

In Sozialen Organisationen hat die inhaltliche Arbeit Vorrang, d.h., „Öffentlichkeitsarbeit kommt erst, wenn alles andere erledigt ist“ (Quilling et al. 2013: 97). So ist anzunehmen, dass die Erkenntnis aus Ria Puhls Studie von 2004, dass Mitarbeitende Sozialer Organisationen Öffentlichkeitsarbeit eher nebenbei miterledigen und dabei selten auf ausreichend Ressourcen zurückgreifen können, auch heute noch gilt. Wie können Soziale Organisationen also dennoch eine professionelle Öffentlichkeitsarbeit betreiben?

Sozialarbeitende selbst sind – trotz ihrer geringen Zeitressourcen für Öffentlichkeitsarbeit – die besten Vermittler:innen, da sie als glaubwürdig gelten (Straub 2001: 269). Um Öffentlichkeitsarbeit professionell zu betreiben, müssen sich Soziale Organisationen als „kleine PR-Agentur in eigener Sache verstehen“ (Puhl 2017a: 158), d.h. selbst für ihre Außendarstellung sorgen sowie Informationen bereitstellen. Mit Blick auf die genannten Ziele und Zielgruppe ist es notwendig, diese genau zu kennen (Straub 2001: 267). Leitend sollte dabei die Frage sein, welche Informationen die jeweilige Zielgruppe benötigt und wie diese Informationen zielgruppenadäquat vermittelt werden können (ebd.: 159).

Der erste Schritt einer professionellen Öffentlichkeitsarbeit ist die Entwicklung einer Corporate Identity, d.h. eines organisationalen Selbstverständnisses der Sozialen Organisation. Dafür muss zunächst ein interner Abstimmungsprozess in Gang gebracht werden, da eine Corporate Identity „erst dann zum Tragen kommen kann“, wenn „alle Beteiligten davon überzeugt sind“ (Straub 2001: 268). Die Corporate Identity muss, so Eike Quilling u.a. (2013: 95), nach innen „ein ‚Wir-Gefühl‘ […] erzeugen“ (ebd.), erst dann vertreten Mitarbeitende dieses Selbstverständnis auch nach außen. Eine Corporate Identity umfasst die gemeinsamen Normen und Werte einer Sozialen Organisation – meist werden diese verschriftlicht in einem Leitbild oder Konzept (Quilling et al. 2013: 94–97; Straub 2001: 268). Da dieses Selbstbild der Darstellung nach innen und außen dient, sollte es vor allem ein positives

Bild des eigenen Arbeitsverständnisses vermitteln (Quilling et al. 2013: 96).

Nachdem eine Corporate Identity entwickelt wurde, gilt es ein passendes Corporate Design zu erstellen. Dabei handelt es sich um ein einheitliches Erscheinungsbild der Sozialen Organisation durch ein Logo, abgestimmte Farben, Schriftarten etc., die auf Website, Flyern, Plakaten sowie allen anderen Kommunikationsmedien verwendet werden. Ziel ist es, die Organisation „optisch identifizierbar zu machen“ (ebd.: 96).

Weiter ist Öffentlichkeitsarbeit vor allem „Textproduktion und Präsentation“ (Schillo 2002: 201). Dabei gilt es, eine zielgruppenadäquate Sprache zu nutzen (Straub 2001: 271). Das bedeutet, dass Texte, sofern sie nicht für die Fachöffentlichkeit gedacht sind, auch für Fachfremde verständlich geschrieben, Fachbegriffe immer erklärt und anhand von Beispielen veranschaulicht werden. Zentrale Begriffe sollten mehrfach wiederholt werden, damit sie sich einprägen (ebd.: 271). Und auch wenn die Presse meist Interesse an Einzelschicksalen hat, da diese tendenziell mehr Aufmerksamkeit auf sich ziehen, ist es die Pflicht Sozialarbeitender, die persönlichen Daten ihrer Klient:innen zu schützen (Straub 2010: 206). Damit Texte nicht zu ‚trocken‘ werden und sich Journalist:innen wie Leser:innen angesprochen fühlen, müssen sie dennoch ‚eine Geschichte erzählen‘.

In der Pressearbeit muss sorgfältig ausgewählt werden, was Nachrichtenwert hat, also für Zeitungen und auch digitale Medien von Interesse sein könnte. Dabei ist immer das Prinzip der Aktualität zu wahren, d. h., Informationen müssen rechtzeitig weitergegeben werden (Straub 2001: 270). Da Journalist:innen meist wenig Zeit haben, sollten Pressemitteilungen gut ausformuliert sein und bereits alle Informationen umfassen. Dann ist die Wahrscheinlichkeit hoch, dass sie so übernommen werden, denn etwa „60 % aller Meldungen in tagesaktuellen Medien stammen […] aus PR-Abteilungen“ (Puhl 2017b: 692). Hilfreich in der Pressearbeit ist zudem, persönliche Kontakte insbesondere zu Journalist:innen in Lokalredaktionen aufzubauen; sie mit Hintergrundinformationen und Materialien zu versorgen und sie regelmäßig in die eigene Organisation einzuladen. In diesem Sinne ist Öffentlichkeitsarbeit auch Beziehungsarbeit. Man schafft die Basis für eine kontinuierliche Arbeit und kann einmal angestoßene Diskurse eher am Leben erhalten.

Um gesellschaftliche Debatten anzustoßen, braucht es jedoch mehr als eine kontinuierliche Pressearbeit. Ein Mittel hierfür sind öffentlichkeitswirksame Kampagnen. Das gehen Soziale Organisationen aber leider viel zu selten an (Puhl 2017b: 690). Gerade hier ist es notwendig, inhaltliche Positionen vorher organisationsintern abzustimmen, um mit einheitlicher Stimme nach außen aufzutreten (Schillo 2002: 203).

Insgesamt sollten Soziale Organisationen sich eine klare Strategie für ihre Öffentlichkeitsarbeit überlegen und organisational verankern (Bruhn/Herbst 2015: 5). Am effektivsten wäre es, eine Personalstelle oder Abteilung (im Sinne einer Kommunikationsabteilung) dafür vorzusehen. Doch gerade in kleineren Sozialen Organisationen ist dies meist nicht möglich. Dennoch müssen Aufgaben und Verantwortlichkeiten klar festgelegt und einzelne Kommunikationsmaßnahmen aufeinander abgestimmt werden (ebd.: 5). Mit Blick auf die wenigen dafür zur Verfügung stehenden Ressourcen müssen einzelne Aktivitäten zudem auf ihren Erfolg hin evaluiert werden (Puhl 2017b: 692). Eine proaktive Öffentlichkeitsarbeit ermöglicht es Sozialen Organisationen langfristig, Bilder Sozialer Arbeit mitzugestalten und dabei nicht nur auf negative Schlagzeilen reagieren zu müssen.

IN A NUTSHELL: Öffentlichkeitsarbeit

Eine aktive Öffentlichkeitsarbeit ist von Bedeutung, um Fremdbilder und die Wahrnehmung Sozialer Arbeit zu verändern. Sie hat das Ziel, Klient:innen, potenzielle Arbeitnehmer:innen und Fördermittelgebende anzusprechen und die öffentliche Meinung im Sinne der Adressat:innen zu beeinflussen. Kennzeichen einer professionellen Öffentlichkeitsarbeit sind die Corporate Identity und das Corporate Design sowie eine kontinuierliche Pressearbeit.

Literatur zur Vertiefung

Franck, Norbert (2017): Praxiswissen Presse- und Öffentlichkeitsarbeit. Ein Leitfaden für Verbände, Vereine und Institutionen. Wiesbaden: Springer VS. 3. Aufl.

Quilling, Eike/Nicolini, Hans J./Graf, Christine/Starke, Dagmar (2013): Praxiswissen Netzwerkarbeit. Gemeinnützige Netzwerke erfolgreich gestalten. Wiesbaden: Springer VS.

Quellen

Bruhn, Manfred/Herbst, Uta (2015): Kommunikation für Non-Profit-Organisationen. In: Bruhn, Manfred/Esch, Franz-Rudolf/Langner, Tobias (Hrsg.): Handbuch Instrumente der Kommunikation. Wiesbaden: Springer Gabler.

Enders, Sonja (2019): Jugendamt und ASD in den Medien – zwischen Überforderung und Untätigkeit. In: Merchel, Joachim (Hrsg.): Handbuch Allgemeiner Sozialer Dienst (ASD). München: Ernst Reinhardt Verlag, S. 423–436. 3. Aufl.

Flösser, Gaby (1994): Soziale Arbeit jenseits der Bürokratie. Über das Managen des Sozialen. Neuwied: Luchterhand.

Hamburger, Franz (2018): Öffentlichkeit(en). In: Otto, Hans-Uwe/Thiersch, Hans/Treptow, Rainer/Ziegler, Holger (Hrsg.): Handbuch Soziale Arbeit. Grundlagen der Sozialarbeit und Sozialpädagogik. München: Ernst Reinhardt Verlag, S. 1098–1104. 6. Aufl.

Harald Fischer Verlag (o.J.): Fliegende Blätter aus dem Rauhen Hause zu Horn bei Hamburg. https://www.haraldfischerverlag.de/hfv/reihen/wohlfahrtspflege/rauheshaus_horn.php [Zugriff: 27.01.2024].

Gibelman, Margaret (2004): Television and the Public Image of Social Workers: Portrayal or Betrayal? In: Social Work 49, 2, S. 331–334.

Kessler, Stefanie (2022): Medial vermittelte Bilder zur Kinder- und Jugendhilfe in Zeiten von Corona. Reflexion einer explorativen Diskursanalyse. In: Hoffmann, Stefanie/Klinge, Denise/ Petersen, Dorthe/Rundel, Stefan (Hrsg.): Jahrbuch Dokumentarische Methode 5. Berlin: centrum für qualitative evaluations- und sozialforschung e.V. (ces), S. 71–96.

LeCroy, Craig Winston/Stinson, Erika (2004): The Public's Perception of Social Work. Is It What We Think It Is? In: Social Work. 49, 2, S. 164–174.

Quilling, Eike/Nicolini, Hans J./Graf, Christine/Starke, Dagmar (2013): Praxiswissen Netzwerkarbeit. Gemeinnützige Netzwerke erfolgreich gestalten. Wiesbaden: Springer VS.

Puhl, Ria (2017a): Öffentlichkeitsarbeit. In: Kreft, Dieter/Müller, C. Wolfgang (Hrsg.): Methodenlehre in der Sozialen Arbeit. München/Basel: Ernst Reinhardt Verlag, S. 157–160. 2. Aufl.

Puhl, Ria (2017b): Öffentlichkeitsarbeit. In: Kreft, Dieter/Mielenz, Ingrid (Hrsg.): Wörterbuch Soziale Arbeit. Aufgaben, Praxisfelder, Begriffe und Methoden der Sozialarbeit und Sozialpädagogik. Weinheim/Basel: Beltz Juventa, S. 690–693. 8. Aufl.

Puhl, Ria (2004): Klappern gehört zum Handwerk. Funktion und Perspektive von Öffentlichkeitsarbeit in der sozialen Arbeit. Weinheim: Juventa Verlag.

Schillo, Johannes (2002): Mit Engagement in die Öffentlichkeit – Anforderungen an soziale und pädagogische Fachkräfte. In: Möller, Kurt (Hrsg.): Auf dem Weg in die Bürgergesellschaft? Wiesbaden: VS Verlag für Sozialwissenschaften, S. 197–211.

Straub, Ute (2010): Wer sich wie ein Bild macht. In: Cleppien, Georg/Lerche, Ulrike (Hrsg.): Soziale Arbeit und Medien. Wiesbaden: VS Verlag für Sozialwissenschaften, S. 205–217.

Straub, Ute (2001): Image und Öffentlichkeitsarbeit der Jugendhilfe. Beziehungsarbeit mit der Öffentlichkeit. In: Forum Erziehungshilfen 7, S. 264–272.

Tobies-Jungenkrüger, Maike/Kessler, Stefanie/Hunold, Martin (2023): Kinder- und Jugendhilfe in der Coronavirus-Pandemie. Reflexionen zur sozialpädagogischen Professionalisierung. In: Kommission Sozialpädagogik (Hrsg.): Sozialpädagogische Professionalisierung in der Krise? Weinheim/Basel: Beltz Juventa, S. 212–223.

Wensierski, Hans-Jürgen von (2018): Medien und Soziale Arbeit. In: Otto, Hans-Uwe/Thiersch, Hans/Treptow, Rainer/Ziegler, Holger (Hrsg.): Handbuch Soziale Arbeit. Grundlagen der Sozialarbeit und Sozialpädagogik. München: Ernst Reinhardt Verlag, S. 981–992. 6. Aufl.

9 Projektmanagement

THINK ABOUT before reading:

- Was ist ein Projekt bzw. Projektarbeit?
- Wie wird ein Projekt geplant?
- Worauf muss in der Umsetzung und im Abschluss eines Projekts geachtet werden?

Projekte sind allgegenwärtig in den unterschiedlichen Arbeitsbereichen der Sozialen Arbeit. Dabei gibt es Handlungsfelder, die sehr viel projektorientiert arbeiten (wie beispielsweise die Jugend- und Erwachsenenbildung), und andere, die ergänzend Projekte durchführen. Die zahlreichen Förderprogramm auf kommunaler, Landes- oder Bundesebene versprechen zusätzliche Fördermittel, wenn Soziale Organisationen (Modell-)Projekte durchführen. Die Politik erhofft sich davon, dass in Modellprojekten Innovationen für die Praxis bzw. für drängende gesellschaftliche Probleme entwickelt werden (siehe Kapitel 10.6 in diesem Band). Für Soziale Organisationen sind es willkommene zusätzliche Finanzmittel in Zeiten von Finanzknappheit. Zum Teil sind sie auch auf diese Mittel angewiesen, da die Grundfinanzierung durch die Kommune nicht ausreicht (Nüß/Schubert 2005: 8).

Im Folgenden soll in die Projektarbeit und das Management von Projekten eingeführt werden. Dabei wird zuerst geklärt, was Projekte sind, welche Phasen sie durchlaufen und inwiefern sie ein Projektmanagement erfordern. Daran anschließend werden Kernaspekte der Projektplanung, -steuerung und des -controllings vorgestellt und am Ende erläutert, wie Projekte gut abgeschlossen werden können. Dabei wird jeweils auf die Besonderheiten des Projektmanagements im Kontext der Sozialen Arbeit eingegangen.

9.1 Definition: Projekt und Projektmanagement

Der Begriff Projekt stammt ursprünglich aus dem Französischen. Im 17. Jahrhundert wurden architektonische Entwürfe für Bauvorhaben als „projets“ bezeichnet. Ziel war es hier, kreative und ungewöhnliche Ideen zu entwickeln (Nüß/Schubert 2005: 9). Von dort aus verbreitete sich der Projektgedanke nicht nur geographisch, sondern auch in unterschiedlichen Arbeitskontexten. Im Kontext der Sozialen Arbeit geht der Projektgedanke auf John Deweys Idee des ‚Learning by doing‘ Anfang des 20. Jahrhunderts zurück, die von seinem Schüler John Kilkpatrick als ‚Projektmethode‘ zusammengefasst wurde (ebd.: 9). Lernende sollten konkrete, aus der Lebenswelt entnommene Themen bzw. Probleme selbstständig bearbeiten und lösen. Dabei wurden folgende Arbeitsschritte verfolgt: „Zielfindung (purposing), Planung (planning), Ausführung (execution) und Auswertung (judging)“ (ebd.: 9 in Anlehnung an Kilkpatrick 1935). Lehrende sollten sich dabei grundsätzlich zurückhalten und Lernende sich möglichst gegenseitig unterstützen.

Im Zuge der Professionalisierung Sozialer Arbeit wurde das Projektverständnis an professionelle Standards angepasst (ebd.: 10). So wird ein Projekt nach DIN-Norm 69901 als eine Tätigkeit gefasst, die „im Wesentlichen durch die Einmaligkeit der Bedingungen in ihrer Gesamtheit gekennzeichnet ist, wie z. B. Zielvorgaben, zeitliche, finanzielle, personelle und andere Begrenzungen“ (Rahn 2021: 11). Somit soll ein Projekt etwas Besonderes und keine alltägliche Praxis einer Organisation sein. Das heißt aber nicht, dass jede, zuweilen sogar einmalige Arbeitstätigkeit automatisch ein Projekt wäre. In der folgenden Übersicht werden Merkmale eines Projekts aufgezeigt.

Merkmale eines Projekts

- Einmaligkeit: Ein Projekt ist ein klar vom Alltagsgeschäft abgegrenztes Vorhaben. Es kann dabei auf vorherigen Projekten aufbauen, sollte sich jedoch klar von diesen unterscheiden (Rahn 2021: 12). Gemäß manchen Definitionen sollte es sich um ein neues, mitunter auch ambitioniertes Vorhaben handeln (Nüß/Schubert 2005: 8).

- Festgelegte Ziele: Projekte verfolgen klar definierte Ziele, die innerhalb des vorgesehenen Projektzeitraums erreicht werden sollen. Sie unterscheiden sich von Zielen innerhalb von Regelangeboten (Rahn 2021: 12; Nüß/Schubert 2005: 8).
- Fokus: Ein Projekt fokussiert ein klar umrissenes Thema bzw. Gegenstand; es ist kein flächendeckendes Angebot (Nüß/Schubert 2005: 8).
- Zeitlich begrenzt: Ein Projekt findet in einem vordefinierten Projektzeitraum statt, d.h. das Ende steht von vornherein fest. Dadurch ist ein anderer Umgang mit Zeit erforderlich, um die angestrebten Ziele zu erreichen (Rahn 2021: 12; Nüß/Schubert 2005: 8).
- Vordefiniertes Budget: Für ein Projekt steht nur ein beschränktes Budget zur Verfügung. Vor Projektbeginn wird während der Planungsphase genau kalkuliert, welche Mittel notwendig sind für die Projektumsetzung (Rahn 2021: 13). Bei der Beantragung von Projekten im Rahmen von Förderprogrammen muss sich die Budgetplanung zuweilen an vorgegebenen Fördergrenzen orientieren.
- Organisation: In einem Projekt herrscht eine eigenständige Organisationspraxis vor. In Projekten wird flexibler und kooperativer im Team gearbeitet; hierarchische Strukturen spielen hier eine geringere Rolle (Rahn 2021: 13; Nüß/Schubert 2005: 8). Benjamin Rahn stellt hier zudem eine interdisziplinäre und abteilungsübergreifende Zusammenarbeit heraus.

Im Unterschied zu Projekten ist der organisationale Betrieb langfristig ausgerichtet und hat zum Ziel, Regelangebote und Maßnahme für die jeweilige Zielgruppe umzusetzen. Es geht nicht um Innovation, sondern um Beständigkeit sowie im Management um die Gestaltung alltäglich laufender Prozesse (Spolander/Martin 2012: 17).

Professionell gestaltete Projekte erfordern dagegen ein Projektmanagement. Mit diesem werden Ziele innerhalb der vorgesehenen Zeit mit den vorhandenen Mitteln und Ressourcen erreicht.

Projektmanagement umfasst in der Regel die Schritte: Projektplanung, kontrollierte Umsetzung sowie als Teil des Projektabschlusses Dokumentation und möglichst auch Evaluation der Ergebnisse (Nüß/Schubert 2005: 11).

Abb. 20: Projektmanagementphasen

Quelle: eigene Darstellung

Dies setzt professionelle Fachkräfte, die mit Wissen und Erfahrung Projekte leiten und durchführen, voraus. Sie müssen jedoch nicht zugleich eine Führungsrolle innerhalb der Sozialen Organisation haben. Wichtig ist, dass sie sich als Dienstleistende im Sinne des Projekts und des Teams sehen (Rahn 2021: 7), um den Prozess der Planung und Umsetzung bestmöglich zu koordinieren und zu unterstützen. Gemäß Sandra Nüß und Herbert Schubert „sind Projekte natürlich auch ohne eine spezielle Methodik durchführbar, sie laufen dadurch aber weniger strukturiert und systematisch ab" (Nüß/Schubert 2005: 10). Wenn aber für Projekte gezielt Geld eingeworben werden soll, ist es notwendig, Fördermittelgebende mit einem professionellen Auftreten zu überzeugen. Das heißt, Ziele festzulegen und zu vermitteln, wie diese innerhalb der vorgesehenen Projektzeit erreicht werden sollen (ebd.).

Projekte in der Sozialen Arbeit können von kleinen freizeitpädagogischen Projekten in der Jugendarbeit bis zu komplexen, internen Projekten in Sozialen Organisationen (z. B. Einführung von Qualitätsmanagement oder einer neuen IT-Infrastruktur; Umzug in neue Gebäude) reichen (Grillitsch/Sagemeister 2021: 1). Überwiegend dienen Projekte jedoch dazu, (neue) Angebote, Hilfeformen oder Leistungen für Adressat:innen zu konzipieren und umzusetzen (z. B. Onlineberatung). Diese können auch handlungsfeld- oder zielgruppenübergreifend sein (z. B. Streetwork in einem neuen Stadtteil) (ebd.: 11). Diese Projekte unterscheiden sich in ihrer Komplexität. Dies zeigt sich meist an ihrer Dauer, ihrem Budget oder auch an der Zahl der zu erreichenden bzw. beteiligten Personen (Rahn 2021: 26ff.). Nicht alle Projekte müssen neu und innovativ sein.

Grundlegend unterscheidet Rahn vier unterschiedliche *Projektarten in der Sozialen Arbeit*:

- „Standardprojekte“ (ebd.: 16) (auch Routineprojekte genannt) umfassen Projekte, die von einer Einrichtung oder einem Träger bereits in ähnlicher Form mehrfach durchgeführt wurden (beispielsweise ein Tag der offenen Tür; Bildungsmaßnahmen für junge Erwachsene). Die Projektverantwortlichen verfügen somit über breite Erfahrungen in der Projektarbeit und die Umsetzung stellt sie in der Regel nicht vor Herausforderungen. Es gibt aber auch komplexe Standardprojekte (wie beispielsweise eine Fachtagung mit hoher Teilnehmendenzahl), die sehr wohl fordernd für die Beteiligten sind, auch wenn sie zuvor schon andere Veranstaltungen organisiert haben.
- „Potenzialprojekte“ (ebd.: 16) bringen technische Neuerungen (z. B. papierloses Dokumentieren der Praxis), weisen aber nur eine geringe Komplexität auf. Bei dieser Projektart ist das Risiko zu Scheitern gering.
- „Innovationsprojekte“ mit „Pioniercharakter“ (ebd.: 15) dienen dazu, auf sich verändernde oder neue Bedarfe und Anliegen zu reagieren und noch nichtexistierende Angebote und Leistungen zu entwickeln. Diese Projekte stellen eine Herausforderung für Soziale Organisationen dar (siehe Kapitel 10.6 in diesem Band).
- „Akzeptanzproblem-Projekte“ (ebd.: 15) sind Projekte, die auf Widerstände unter den Mitarbeitenden stoßen. Meist handelt es sich um Projekte, mit denen organisationale Veränderungen angestoßen werden (z. B. die Soziale Organisation wächst und dies erfordert eine Veränderung der Strukturen und Verantwortlichkeiten).

9.2 Projektplanung

Der Projektplanung geht die Initiierung eines Projekts voraus. Auf Basis konkreter Problem- oder Bedarfslagen aus der Praxis muss zu Beginn eine Idee für ein Projekt entstehen sowie der Wille bzw. die Motivation, es dann auch zu verwirklichen. Dieser Prozess der Initiierung kann auch partizipativ mit Mitgliedern und Adressat:innen erfolgen, d. h., die aktuelle Situation kann mit ihnen zusammen analysiert werden. Eine geeignete Methode dafür ist beispielsweise die SWOT-Analyse. SWOT ist ein Akronym und steht für Strengths (Stärken), Weaknesses (Schwächen), Opportunities (Chancen), Threats (Bedrohungen), die gemeinsam mit den Beteiligten zusammengetragen werden.

Abb. 21: SWOT-Analyse

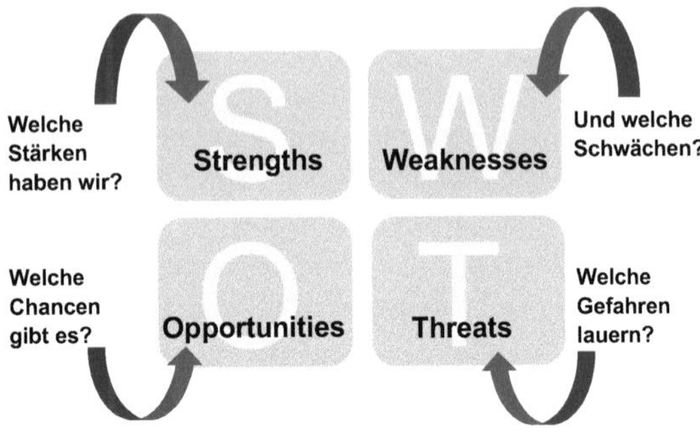

Quelle: eigene Darstellung

Auf Basis einer SWOT-Analyse der aktuellen Situation kann überlegt werden, welche Probleme, Bedarfe und vielleicht auch Potenziale es gibt, die man in einem Projekt bearbeiten oder nutzen möchte. Daran anschließend kann man das Thema bzw. den zu bearbeitenden Gegenstand des Projekts genauer definieren.

Bei der Entscheidung, ein bestimmtes Projekt zu verfolgen, sollte darauf geachtet werden, in welchem Bezug die Projektidee zu den Organisationszielen steht (Spolander/Martin 2012: 53). Projekte sollten zur Organisation und ihren strategischen Zielen passen und diese bestenfalls unterstützen (ebd.: 55). Relevant ist zudem die Einschätzung, ob der Organisation selbst Ressourcen für die Umsetzung zur Verfügung stehen oder ob alternativ die Möglichkeit besteht, finanzielle Ressourcen dafür einzuwerben.

Ist die Entscheidung getroffen, eine bestimmte Idee zu verfolgen, werden im nächsten Schritt Ziele festgelegt, die in dem Projekt innerhalb der veranschlagten Zeit mit vorhandenen (oder zu beantragenden) Ressourcen erreicht werden sollen. Dabei handelt es sich um zu erwartende Ergebnisse bzw. der Zustand, auf den im Projekt hingearbeitet wird (Antes 2014: 21). Dies sollte man sich immer wieder vergegenwärtigen, um Ziele möglichst konkret, eindeutig und verbindlich zu formulieren. Mit den Zielen können am Ende eines Projektes die Ergebnisse bewertet werden (Nüß/ Schubert 2005: 11).

Am einfachsten ist es, hierfür mit der SMART-Methode zu arbeiten. SMART steht für: S – spezifisch, M – messbar, A – attraktiv, R – realistisch und T – terminiert. In Abbildung 22 wird aufgezeigt, worauf entsprechend bei der Zieldefinition geachtet werden muss. Die Methode hilft dabei, Ziele präzise zu formulieren und sie auch für Außenstehende wie beispielsweise Geldgebende nachvollziehbar zu machen. Ziele sollten nicht im Konjunktiv, sondern aus der Perspektive des erreichten Zustandes formuliert werden (z. B. „Am Workshop haben 20 Jugendliche teilgenommen").

Abb. 22: SMART-Methode

Quelle: eigene Darstellung

Wenn Ziele für das Projekt formuliert und gesammelt wurden, sollten diese sortiert werden (Antes 2014: 21). Wolfgang Antes spricht hier von „Rahmenzielen“ (ebd.: 21), die auf den Projektrahmen ausgerichtet sind (beispielsweise die Sicherung der Finanzierung, die Öffentlichkeitsarbeit etc.), sowie diesen zugeordneten „Ergebniszielen“ (ebd.: 21), d.h., das Erreichen von Teilschritten (beispielsweise unter dem Rahmenziel 1 „Sicherung der Finanzierung“, das Schreiben eines Projektantrags, das Ansprechen von Sponsoren etc.). In anderen Publikationen wird äquivalent von Teilaufgaben gesprochen, denen Arbeitspakete zugeordnet werden (Nüß/Schubert 2005: 15). Ihnen übergeordnet ist das Projektziel; bei einem größeren Projekt gegebenenfalls -ziele. Durch die Sortierung werden, so Antes, Lücken deutlich, die es dann zu füllen gilt.

Abb. 23: Projektziele

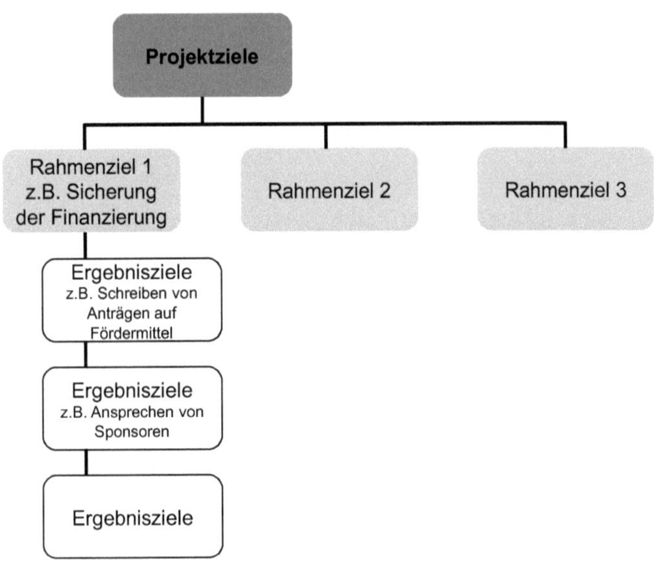

Quelle: eigene Darstellung in Anlehnung an Antes 2014: 23

Wenn mehrere Personen oder auch Organisationen an einem Projekt beteiligt sind, kann es hilfreich sein, verbindliche Zielvereinbarungen und Verantwortlichkeiten festzulegen (ebd.: 12).

Der nächste Schritt in der Projektplanung ist die Darstellung der konkreten Projektaktivitäten in der zeitlichen Reihenfolge. Dabei hilft es, konkrete Meilensteine festzulegen, d.h. Zeitpunkte oder auch konkrete Ereignisse im Zeitverlauf, die wichtige Etappen in der Erreichung der Projektziele kennzeichnen. Entsprechend muss in der zeitlichen Planung abgeschätzt werden, bis wann was erreicht werden kann. Grundsätzlich sollte man zeitlich nicht zu knapp planen, um Abweichungen mit einzukalkulieren.

An die formulierten und differenzierten Ziele kann hier angeknüpft werden. Aus ihnen können konkrete Aufgaben und Bearbeitungsschritte (auch Arbeitspakete genannt) abgeleitet werden, für die konkrete Verantwortlichkeiten in der Bearbeitung und Durchführung festgelegt werden müssen.

Hier wird in der Regel mit einem sogenannten GANTT-Chart ein Zeitplan (meist in einem Tabellenprogramm) entworfen sowie eine Beschreibung zentraler Arbeitspakete erstellt.

Abb. 24: Planung eines Projekts im Zeitverlauf

Projekt: Planung einer 3wöchigen Ferienfreizeit im Juli
Projektdauer 8 Monate

Meilenstein 1 (Ende März) · Meilenstein 2 (Ende Mai) · Meilenstein 3 (Ende Juni)

Zeit	Januar	Februar	März	April	Mai	Juni	Juli	August
Arbeitspaket (AP 1) Thema, Programm-struktur und Zielgruppe festlegen								
AP 2 Finanzierung organisieren (Anträge, Sponsoren etc.)								
AP 3 Öffentlichkeitsarbeit / Werbung um Teilnehmende								
AP 4								
AP 5								
AP 6								
AP 7 …								

Quelle: eigene Darstellung

Abb. 25: Übersicht zur Beschreibung der Arbeitspakete

Arbeitspaket Nr.: Arbeitspaket Bezeichnung: Beschreibung der Aufgabe: Zur Verfügung stehende Zeit (Anfang/Ende): Verantwortlichkeit Durchführung: Kontrolle durch:

Quelle: eigene Darstellung

Zur Projektplanung gehört zudem ein Kosten- bzw. Ressourcenplan, in dem aufgelistet wird, welche Mittel und Ressourcen für die Umsetzung notwendig sind. Dabei ist es wichtig abzuschätzen, welche Kosten in welchem Umfang entstehen. In der Regel müssen Personalkosten (im Arbeitgeberbrutto), Sachkosten für Projektmaterialien und notwendige Ausstattung einkalkuliert werden. Manchmal werden Subaufträge vergeben, beispielsweise Honoraraufträge für Dozent:innen im Fall von Veranstaltungen, die ebenfalls eingeplant werden müssen. Gleiches gilt für Reise- und Übernachtungskosten. Am besten ist es, Personalkosten zusammen mit der Personalabteilung zu kalkulieren, sowie Erfahrungen von Personen einzuholen, die bereits ähnliche Projekte durchgeführt haben.

Insgesamt sollte man sich bewusst sein, dass es in der Umsetzung immer zu Planabweichungen kommen kann und man Spielräume dafür bereits in der zeitlichen und finanziellen Planung berücksichtigen muss (Nüß/Schubert 2005: 13).

9.3 Projektsteuerung und -controlling

Nach Abschluss der Planung gilt es, ein Projekt umzusetzen und dabei am Ende in der vorgesehenen, oftmals begrenzten Zeit die definierten Ziele zu erreichen. Damit dies gelingt, ist eine Projektsteuerung durch die Projektleitung nötig. Sie dient dazu, den aktuellen Stand und Fortschritte in einem Projekt auf Grundlage der Projektplanung zu überwachen und darauf zu achten, dass der Verlauf mit der Planung übereinstimmt (Nüß/Schubert 2005: 16).

Die Aufgabe der Projektleitung ist es, den Projektverlauf optimal zu steuern und in diesem Sinne aktiv voranzutreiben. Dabei ist es auch wichtig, zum einen Risiken für mögliche Probleme abzuschätzen, um diesen entgegenzuwirken (Spolander/Martin 2012: 122–125), und zum anderen rechtzeitig Abweichungen zu bemerken, um diesen gegenzusteuern (Nüß/Schubert 2005: 16).

Im Fall von Abweichungen von der Planung muss das Vorgehen modifiziert und müssen entsprechende Maßnahmen ergriffen werden. Wenn beispielsweise unvorhergesehene Kosten entstehen, muss die Finanzkalkulation angepasst werden. Da meist keine zusätzlichen Mittel ‚herbeigezaubert' werden können, muss bei anderen Kostenstellen gespart werden. Oder wenn die Erfüllung eines Arbeitspakets mehr Zeit erfordert als veranschlagt, muss überlegt werden, wie diese Zeit an anderer Stelle wieder ‚reingeholt' werden kann.

Grundlage für die Projektsteuerung ist die Dokumentation des Projektgeschehens hinsichtlich aller Teilschritte bzw. Arbeitspakete. Dabei muss die Projektleitung sicherstellen, dass Informationen durch Beteiligte dokumentiert und an sie weitervermittelt werden (ebd.: 17).

Gemäß Nüß und Schubert (2005: 17) besteht die Projektsteuerung aus drei zyklischen Phasen:

- *Erfassen des Ist-Zustands:* Die Projektleitung erfasst alle Informationen zum aktuellen Stand des Projekts. Dabei sollte dokumentiert werden, was bereits erreicht wurde und woran aktuell im Hinblick auf die Projektaktivitäten gearbeitet wird. Parallel muss auch das Budget überwacht werden, d. h., die Projektleitung holt Informationen dazu ein, welche Ressourcen bisher bzw. gerade verbraucht wurden/werden.
- *Analyse des Ist-Zustands:* Im Anschluss muss die Projektleitung diese Informationen mit der Projektplanung abgleichen und gegebenenfalls vorliegende oder sich abzeichnende Differenzen erkennen. Dies erfolgt mit Blick auf den Zeit- und Kostenplan.

- *Ableiten von Steuerungsmaßnahmen:* Zeichnen sich in der Analyse Abweichungen gegenüber dem Soll-Zustand ab, muss die Projektleitung Maßnahmen ergreifen, um gegenzusteuern, damit die Erreichung des Ziels nicht gefährdet wird. Wenn projektintern keine Gegenmaßnahmen möglich sind, weil Abweichungen beispielsweise durch externe Einflüsse bedingt sind, hat die Projektleitung die Aufgabe, das Gespräch mit Kooperationspartner:innen oder Fördermittelgebenden (bzw. Kostenträgern) zu suchen, um eine Lösung zu finden.

Abb. 26: Zyklische Phasen der Projektsteuerung

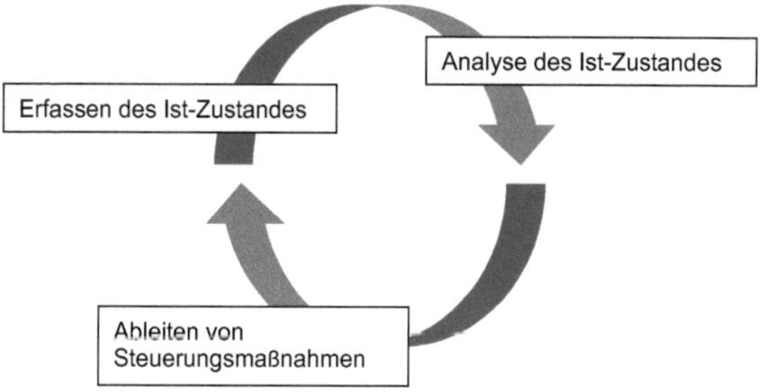

Quelle: eigene Darstellung

Der Erfolg eines Projekts wird durch bestimmte Indikatoren beeinflusst (Spolander/Martin 2012: 123f.; ergänzend Rahn 2021: 32–40), die es in der Projektsteuerung zu beachten gilt:

- *Erfahrungen im Projekt:* Wenn die Projektleitung und -mitarbeitenden bereits Projekte durchgeführt haben, gibt es in der Leitung und im Team bereits Erfahrungen im Umgang mit Abweichungen und unerwarteten Situationen. Dadurch können derartige Situationen schneller erkannt und auf praktisches Handlungswissen im Umgang mit ihnen zurückgegriffen werden. Zugleich ist das Vertrauen in die eigenen Handlungen höher, wodurch meist schneller reagiert werden kann.
- *Vorhandene finanzielle Mittel:* Zwar haben größere Projekte meist ein größeres Budget und Abweichungen lassen sich leichter ausgleichen; zugleich sind die Gefahren ernsthafter Kon-

sequenzen wie beispielsweise der Entzug von Fördermitteln und ein vorzeitiger Abbruch durch die Fördermittelgebenden größer. In kleineren Projekten mit geringerem Budget kann weniger passieren und eventuell ist es leichter, noch nachträglich Mittel zu generieren. Generell sind Projektaktivitäten in der Sozialen Arbeit deutlich stärker von einer externen Finanzierung abhängig, da ihnen weder Eigenmittel zur Verfügung stehen noch die Zielgruppe des Projekts einen (ausreichenden) finanziellen Beitrag leisten kann (d. h., selbst wenn Teilnahmegebühren zu entrichten sind, decken diese nicht die Kosten).

- *Personelle Ressourcen:* Wie bei den Finanzmitteln können Soziale Organisationen in der Durchführung von Projekten selten auf vorhandenes Personal zurückgreifen. Dies ist zwar oft in die Initiierung eines Projektes involviert, aber mit seinen Aufgaben im Tagesgeschäft bereits derart ausgelastet, dass es die Projektumsetzung nicht mehr begleiten kann; sonst würden die Mitarbeitenden an anderer Stelle fehlen. Meist muss, zumindest für größere Projekte, neues Personal eingestellt werden oder es wird beispielsweise in der Bildungsarbeit auf einen Pool von Honorarkräften oder Ehrenamtlichen zurückgegriffen. Hier besteht mit Blick auf den Projekterfolg jedoch die Gefahr, dass diese Projektmitarbeitenden zum einen eine weniger starke Bindung zur Organisation aufweisen, so dass gegebenenfalls die Zusammenarbeit und der Austausch mit den regulären Fachkräften erschwert ist und Projektergebnisse nicht in das Alltagsgeschäft übernommen werden. Zum anderen können Honorarkräfte und Ehrenamtliche in der Arbeit mit der jeweiligen Zielgruppe nicht auf eine bestehende Bindung und Erfahrungen aufbauen.
- *Abhängigkeit von Teilnehmenden:* Insbesondere, wenn die Zielgruppe – wie in der Sozialen Arbeit oft typisch – marginalisiert und verletzlich ist, können herausfordernde Situationen in Projekten entstehen. Das kann den Projekterfolg erschweren bzw. gefährden.
- *Komplexität eines Projektes:* Umso komplexer ein Projekt, desto höher ist die Gefahr, Fehler zu machen, in Konflikt zu ge-

raten und letzten Endes zu scheitern. Komplexität entsteht beispielsweise durch eine Vielzahl von Projektpartner:innen, verschiedene Projektorte, mehrere Finanzierungsquellen und involvierte Interessensgruppen.

- *Erwartungen von involvierten Stakeholdern:* Alle beteiligten Stakeholder haben bestimmte Erwartungen an ein Projekt. Ihre Unterstützung kann die Umsetzung eines Projekts erleichtern. Wenn sich ihre Interessen und Erwartungen an das Projekt jedoch zu sehr unterscheiden, kann dies zu Problemen führen.

Darüber hinaus wirkt gerade in der Sozialen Arbeit der inhaltliche Gegenstand auch auf den Prozess ein (Rahn 2021: 32). Im Gegensatz zum Projektmanagement in der Wirtschaft, wo die Projektleitung sich nicht unbedingt mit dem Thema und Gegenstand des Projektes auskennen muss, ist es in der Sozialen Arbeit von Vorteil, wenn sie auch Sachkenntnisse mitbringt. Erst dann kann sie die Qualität der Projektaktivitäten auch angemessen beurteilen.

9.4 Projektabschluss und -nachbereitung

Allzu schnell gerät in der Projektarbeit die Gestaltung des Projektabschlusses aus dem Blick: sei es, weil man noch so stark in den Projektaktivitäten verhaftet ist oder weil plötzlich die Zeit am Ende fehlt. Manchmal verlassen Mitarbeitende schon vorzeitig das Projekt, da sie nur befristet für eingestellt wurden und bereits auf der Suche nach einer Anschlussstelle sind. Aber gerade die Gestaltung eines Abschlusses ist wichtig, um die Leistungen des Teams zu würdigen, zentrale Erfahrungen festzuhalten und für zukünftige Projekte zu dokumentieren sowie darüber nachzudenken, wie zentrale Ergebnisse auch ins Alltagsgeschäft übertragen werden können. Ein klarer Abschluss bildet für alle Beteiligten „einen wichtigen Meilenstein“ (Grillitsch/Sagemeister 2021: 131).

Wichtigster Bestandteil des Projektabschlusses ist die Evaluation des Projekts. Dabei gilt ein Projekt dann als erfolgreich, wenn die Projektziele im Rahmen der vorgegebenen Zeit und der einkalkulierten Kosten bzw. Ressourcen erfüllt werden konnten (Nüß/

Schubert 2005: 18). Bei der Evaluation sollten entsprechend die Projektergebnisse mit den während der Projektplanung aufgestellten Zielen verglichen werden. Die Bewertung ist deutlich leichter, wenn zu Beginn SMARTe Ziele entwickelt wurden, da diese messbar sein müssen und sich entsprechend leichter nachvollziehen lassen. Zudem erfordert die Evaluation bereits im Projektverlauf eine gute Dokumentation der Projektschritte und -ergebnisse (Grillitsch/Sagemeister 2021: 134). Sie sollte schriftlich verfasst werden und auch für Außenstehende nachvollziehbar sein. Gegenüber Fördermittelgebenden ist es üblich, einen abschließenden Projektbericht zu verfassen, bei dem auf die Dokumentation zurückgegriffen werden kann.

Von manchen Projekten, insbesondere Modellprojekten, die innovative Ideen und Ansätze erproben, wird auch eine Wirkungsanalyse erwartet (ebd.: 144). Dabei gilt es, tatsächliche und mögliche langfristige Wirkungen bei der Zielgruppe zu erfassen. In einem Modellprojekt zur Autonomieförderung in der Behindertenhilfe müsste beispielsweise untersucht werden, inwiefern tatsächlich die Selbstständigkeit der Teilnehmenden gestärkt wurde und welche möglichen langfristigen Effekte das Projekt hat. Solch eine Wirkungsanalyse setzt voraus, dass bestenfalls bereits vor Projektbeginn eine Zielgruppenanalyse vorgenommen wurde sowie wahrgenommene Veränderungen und Wirkungen bei der Zielgruppe auch im Projektverlauf dokumentiert werden. Am Ende eines Projekts sollten diese Veränderungen mit dem Stand vor dem Projekt verglichen und bewertet werden. Zudem ist es möglich, eine Selbsteinschätzung der Teilnehmenden zu erfassen, für die sie beispielsweise dazu interviewt werden, welche Wirkung das Projekt ihrer eigenen Einschätzung nach auf sie hatte.

In allen Projekten sollte eine Selbstevaluation des Projektteams im Hinblick auf den Projektprozess stattfinden (Nüß/Schubert 2005: 18), um Erfahrungen und Gelerntes im Verlauf zu dokumentieren. Beispielsweise im Rahmen eines Workshops können sich alle Beteiligten über die Projektschritte, die Arbeit im Team und andere Rahmenbedingungen austauschen. Ein besonderes Augenmerk sollte auch auf Herausforderungen und den Umgang mit Abweichungen vom Projektplan liegen. Dieses Projekterfahrungswissen sollte innerhalb der Sozialen Organisation dokumentiert und für zukünftige Projekte genutzt werden. Damit kann solch eine Selbstevaluation zur Professionalisierung des Projektmanagements und zur Optimierung von Projektprozessen beitragen (Grillitsch/Sagemeister 2021: 166).

Ein Abschlussworkshop im Team kann zugleich genutzt werden, um den Umgang mit den und die Nutzung der Projektergebnisse nach Abschluss zu klären.

Sollte kein gemeinsamer Workshop am Ende möglich sein, sollte die Projektleitung bzw. die ausführende soziale Einrichtung zumindest ein Feedback von allen Projektbeteiligten einholen.

IN A NUTSHELL: Projektmanagement

Projekte sind durch verschiedene Merkmale gekennzeichnet; u. a. Einmaligkeit, feste Ziele und limitiertes Budget sowie eine zeitliche Begrenzung. Professionelle Projekte benötigen ein Projektmanagement, damit festgelegte Ziele innerhalb eines bestimmten Zeitrahmens mit den geplanten Ressourcen erreicht werden können. Projektmanagement besteht aus der Projektplanung, einer kontrollierten Umsetzung und einer Evaluation der Ergebnisse während des Projektabschlusses.

Literatur zur Vertiefung

Antes, Wolfgang (2014): Projektarbeit für Profis. Praxishandbuch für moderne Projektarbeit. Weinheim/Basel: Beltz Juventa. 3. Aufl.

Grillitsch, Waltraud/Sagemeister, Monika (2021): Projektmanagement in Organisationen der Sozialwirtschaft. Eine Einführung. Wiesbaden: Springer VS.

Quellen

Antes, Wolfgang (2014): Projektarbeit für Profis. Praxishandbuch für moderne Projektarbeit. Weinheim/Basel: Beltz Juventa. 3. Aufl.

Grillitsch, Waltraud/Sagemeister, Monika (2021): Projektmanagement in Organisationen der Sozialwirtschaft. Eine Einführung. Wiesbaden: Springer VS.

Nüß, Sandra/Schubert, Herbert (2005): Projektmanagement in der sozialen Arbeit. Abschlussbericht. https://www.th-koeln.de/mam/downloads/deutsch/hoch-schule/fakultaeten/f01/srm-arbeitspapier15_kalk_abschluss.pdf [Zugriff: 17.02.2024].

Rahn, Benjamin (2021): Projektmanagement – Im Umfeld sozialer Arbeit. Hamburg: tredition.

Spolander, Gary/Martin, Linda (2012): Successful Project Management in Social Work and Social Care. Managing Ressources, Assessing Risks and Measuring Outcomes. London: Jessica Kingsley Publishers.

10 Aktuelle Trends in der Sozialwirtschaft

> Wer verändern will, versucht die Gegenwart zielgerichtet zu beeinflussen, um mit Blick auf die Zukunft Soziales, also beispielsweise das Handeln von Menschen auf bestimmte Ziele hin auszurichten. Es geht um Zeitgestaltung. Veränderung ist, wenn Kontinuität des Vergangenen bzw. die Wiederholung des Gleichen in der Gegenwart irritiert wird, sodass das Zukünftige anders werden kann. (Heiko Kleve)[9]

Dieses Zitat leitet das letzte Kapitel unseres Buches trefflich ein. Warum? Weil es sich nicht einzig auf Entwicklungen und Veränderungen im Hier und Jetzt stützt, sondern zugleich die Vergangenheit als Basis für die Zukunft integriert. Auch in den hier ausgewählten Bereichen innerhalb Sozialer Organisationen geht es um das Gestalten in sich verändernden Zeiten, mehr noch: Themen wie Digitalisierung, Diversität, Nachhaltigkeit, Umgang mit Fehlern, Sozialunternehmertum und Soziale Innovationen sind sowohl Reaktionen auf die Gegenwart als auch Aktionen, um auf unterschiedlichen Ebenen Einfluss auf Soziale Organisationen zu nehmen. Im Folgenden werden konkrete Ansätze und Entwicklungen näher erläutert.

9 Beitrag von Prof. Dr. Heiko Kleve auf LinkedIn [aufgerufen am 16.03.2024].

10.1 Digitalisierung – eine neue Ära für Soziale Organisationen?

THINK ABOUT before reading:

- Wie verändert die Digitalisierung Soziale Organisationen und welche Chancen und Risiken sind damit verbunden?
- Welche Aufgaben ergeben sich aus dem digitalen Wandel für das Management Sozialer Organisationen?

Wachsende Bedeutung der Digitalisierung für Soziale Organisationen

Die digitale Revolution hat unsere Welt erfasst und verändert die Art und Weise, wie wir leben, arbeiten und kommunizieren. Inmitten dieses rasanten Wandels stehen auch Soziale Organisationen vor der Herausforderung, sich den neuen Gegebenheiten anzupassen (Breyer-Mayländer 2020: 13).

Aber was ist unter *Digitalisierung* überhaupt zu verstehen? Sarah Bestgen et al. zufolge „wird der Begriff bedeutungsgleich mit digitaler Transformation verwendet und steht für die durch diese technischen Möglichkeiten ausgelösten Veränderungsprozesse auf individueller, organisationaler und gesellschaftlicher Ebene" (Bestgen et al. 2022: 254). In diesem Kapitel schauen wir uns anhand des fiktiven Trägers *Diakonie Musterstadt* an, was der *digitale Wandel* für Soziale Organisationen bedeutet und inwiefern sich durch ihn die Anforderungen an das Management der Organisationen verändern.

Die Diakonie Musterstadt erkannte frühzeitig das Potenzial digitaler Dienstleistungen. Der Träger bietet daher bereits seit fünf Jahren eine Online-Anfrageplattform für seine Klient:innen an, die den Zugang zu Information und Unterstützung erleichtert. Um interne Abläufe zu optimieren, hat die *Diakonie Musterstadt* außerdem bereits die meisten Verwaltungsprozesse automatisiert.

Beispielsweise erfolgt die Dokumentation von Hilfeprozessen seit langem komplett digital, was viel Zeit spart und vergleichende und zusammenfassende Datenanalysen ermöglicht. Dadurch werden sich verändernde Bedarfe innerhalb der verschiedenen Klient:innengruppen sichtbar, so dass frühzeitig auf diese reagiert werden kann. Darüber hinaus nutzt der Träger aktiv die Social-Media-Plattformen Facebook, Instagram und LinkedIn, um mit den Menschen in seinem Einzugsgebiet in Kontakt zu treten, Spenden zu sammeln und für ehrenamtliche Mitarbeit zu werben.

Chancen und Herausforderungen der Digitalisierung für Soziale Organisationen

Die Digitalisierung der Sozialen Arbeit und ihrer Organisationen birgt viele Chancen, aber auch eine Reihe von Hürden. Der bisherige Weg der *Diakonie Musterstadt* illustriert diese Dualität der digitalen Transformation.

Durch die teilweise Automatisierung von Verwaltungsaufgaben (z. B. Eingang und Sortierung von Rechnungen) und die Digitalisierung interner Prozesse kann die *Diakonie Musterstadt* ihre Personalressourcen effizienter nutzen. Die Online-Beratung erweitert potenziell die Reichweite der Organisation und ermöglicht auch Menschen im ländlichen Raum den Zugang zu Unterstützung. Die Sammlung und Analyse von Daten kann wiederum dabei helfen, die individuellen Bedarfe der Klient:innen besser zu verstehen und maßgeschneiderte Unterstützung anzubieten. Zusätzlich bietet die Nutzung Sozialer Medien den Klient:innen mehr Möglichkeiten zur Partizipation und für die Organisation neue Kanäle für zeitgemäßes Fundraising (Wolff 2020: 79f.).

Zugleich sind auch Herausforderungen zu bewältigen. Der Schutz sensibler Daten und die Einhaltung von Datenschutzbestimmungen sind von entscheidender Bedeutung, um das Vertrauen der Klient:innen sowie der Mitarbeitenden (Sorge vor Kontrolle und Überwachung) zu erhalten und rechtlichen Anforderungen zu genügen (Evans/Hilbert 2020: 85). Dies technisch und organisatorisch sauber umzusetzen, hat das Management der Diakonie

Musterstadt viel Zeit, Energie und Geld gekostet (Strategieentwicklung und Planung, Investitionen in Technik, Schulung und Mitnahme der Mitarbeitenden etc.). Auch besteht die Gefahr der Entstehung einer digitalen Kluft (sog. *digital divide*), daher muss der Träger sicherstellen, dass Menschen ohne ausreichenden digitalen Zugang oder Fähigkeiten nicht benachteiligt werden und es weiterhin auch einen klassischen physischen Zugang zu den Dienstleistungen gibt. Zudem sollte sichergestellt sein, dass die digitalen Angebote niedrigschwellig sind, indem z. B. auch Texte in leichter Sprache angeboten werden.

Um die mit der Digitalisierung verbundenen Chancen bestmöglich zu nutzen, die Herausforderungen zu meistern und etwaige Risiken zu minimieren, ist eine strategische Herangehensweise entscheidend. Dieser widmen wir uns im folgenden Abschnitt.

Strategische Anpassung und Management im digitalen Wandel

Der digitale Wandel erfordert bei Weitem nicht nur technologische Veränderungen, sondern auch eine strategische Neuausrichtung des Managements Sozialer Organisationen. Entsprechend hat sich die Diakonie Musterstadt früh durch eine *externe* Beratungsfirma bei der Entwicklung einer *Digitalisierungsstrategie* begleiten lassen. Die Berater:innen haben angeregt, sowohl die Entstehungsgeschichte als auch das Leitbild und die Kultur der Organisation in den anstehenden Transformationsprozess einfließen zu lassen. Ziel der Beratung war es, konkrete mittel- und langfristige Entwicklungsziele zu formulieren, an deren Entwicklung Klient:innen und Mitarbeitende aktiv beteiligt waren. Diese Einbindung aller Beteiligten ist entscheidend, um sicherzustellen, dass alle die neuen Technologien und Prozesse verstehen und die Innovationen nicht abgelehnt werden (Matthies/Tetens/Wahren 2023: 162) (siehe Kapitel 3 in diesem Band). Michaela Evans und Josef Hilbert (2020: 80) schlagen in diesem Zusammenhang die Einrichtung von „Experimentierräumen“ vor, in denen neue digitale Tools und angepasste Prozesse zunächst gemeinsam auf ihre Sinnhaftigkeit hin überprüft werden können. Zudem entstehen mit dem Arbeitsmarkteintritt der sogenannten Generationen Y und Z, die als *Digital Natives* bezeichnet werden, weitere Herausforderungen für die Führung. Denn diese Generationen erwarten eine durchgehende digitale Informationskette in den Prozessen (Breyer-Mayländer 2020: 26).

Abb. 27: Komplexität des digitalen Wandels

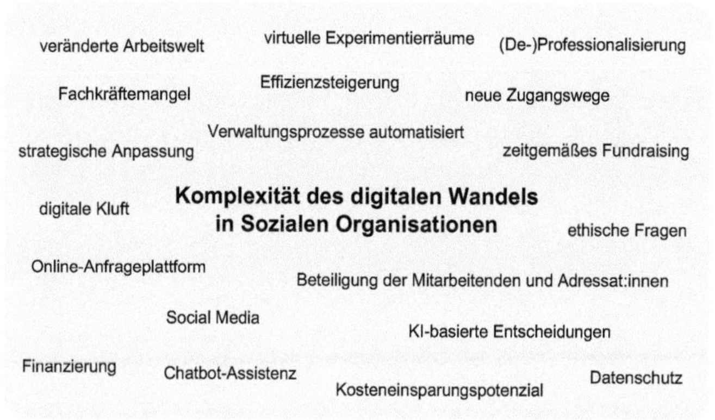

Quelle: eigene Darstellung

Darüber hinaus sollte im Rahmen des mit der Digitalisierung unweigerlich einhergehenden Organisationsentwicklungsprozesses Raum gegeben werden für ethische Fragen (Schnell 2020: 94): Warum, wo und wie lange werden welche Daten gespeichert und welche Risiken gehen damit möglicherweise einher? Wie können individuell unterschiedliche Haltungen gegenüber digitaler Technik auf Seiten der Klient:innen, aber auch der Mitarbeitenden angemessen berücksichtigt werden, um Exklusionsmechanismen und frustrierende Erlebnisse zu vermeiden? Eine transparente Kommunikation auf Seiten des Managements sowie klare Datenschutzrichtlinien sind hier von zentraler Bedeutung, um Vertrauen zu schaffen bzw. zu erhalten. Entscheidend ist somit, dass der digitale Wandel nicht nur die Effizienz der Organisation steigern kann, sondern möglichst auch die Qualität und Effektivität der sozialarbeiterischen Kerntätigkeit zu verbessern hilft.

Zusammenfassend wird deutlich, dass die digitale Transformation vom Management in die Gesamtstrategie von Organisationen integriert werden muss (Bestgen et al. 2022: 254).

Zukunftsperspektiven und Ausblick

Wie wird die Digitalisierung Soziale Organisationen in Zukunft verändern und welche Herausforderungen ergeben sich hierfür für das Management? Die Diakonie Musterstadt wird zukünftig vermutlich zunehmend *Chatbots* (z. B. für eine 24 Stunden verfügbare Alltagshilfe ergänzend zu einer personellen Unterstützung) und *KI-basierte Entscheidungsunterstützungssysteme* (z. B. bei Kindeswohleinschätzungen) einsetzen, sei es im Rahmen der direkten Arbeit mit Adressat:innen oder bei administrativen Aufgaben. Dabei muss die Organisation gewährleisten, dass KI-gestützte Prozesse transparent und ethisch verantwortbar sind (Schnell 2020: 87f.). Und die Organisation muss sicherstellen, dass die professionellen Prinzipien Sozialer Arbeit weiterhin im Vordergrund stehen.

Auch im Bereich der Öffentlichkeitsarbeit und Spendenakquise wird KI vermutlich eine immer größere Rolle spielen, beispielsweise, wenn es um von KI-generierte, passende Bilder zur Illustration der Arbeit geht oder um ein durch Algorithmen gesteuertes und dadurch zielgruppenorientierteres Marketing. Darüber hinaus kann die Digitalisierung gegebenenfalls auch ein Baustein zur Lösung des sich zuspitzenden Fachkräftemangels sein, indem administrative bzw. sich wiederholende Aufgaben zunehmend automatisiert von einer Software erledigt werden und somit bei den Fachkräften Zeitkapazitäten freisetzt, die für den direkten Klient:innenkontakt genutzt werden können. Allerdings könnten die Effizienzsteigerungen durch Digitalisierung auch zu Kosteneinsparungen führen, so dass keine das Personal entlastenden oder die Qualität und Effektivität der Sozialen Arbeit steigernden Effekte eintreten (Matthies et al. 2024).

Insgesamt ist laut Helmut Kreidenweis (2020: 392f.) davon auszugehen, dass zukünftig ein offener Diskurs über den Zusammenhang zwischen digitalem Wandel und professionellem Handeln in Organisationen der Sozialen Arbeit bedeutsam wird, ebenso wie die Etablierung einer Fehlerkultur, die es erlaubt, neue digitale Dienstleistungen zu erproben und weiterzuentwickeln.

IN A NUTSHELL: Digitalisierung

Die Digitalisierung verändert die Arbeitsweise Sozialer Organisationen, wie am fiktiven Beispiel der Diakonie Musterstadt deutlich wird, durch die Einführung digitaler Dienste und die Automatisierung von Prozessen, um Effizienz und Zugänglichkeit zu verbessern. Zugleich ist es wichtig, Herausforderungen wie Datenschutz und digitale Teilhabe zu meistern und dabei alle Beteiligten in den Wandel einzubeziehen, um Qualität und Ethik in der Sozialarbeit zu sichern.

Literatur zur Vertiefung

Kutscher, Nadja/Ley, Thomas/Seelmeyer, Udo/Siller, Friederike/Tillmann, Angela/Zorn, Isabel (Hrsg.) (2020): Handbuch Soziale Arbeit und Digitalisierung. Weinheim: Beltz Juventa

Ückert, Sandra/Sürgit, Hasan/Diesel, Gerd (Hrsg.) (2020): Digitalisierung als Erfolgsfaktor für das Sozial- und Wohlfahrtswesen. Forschung und Entwicklung in der Sozialwirtschaft, Band 13. Baden-Baden: Nomos.

Quellen

Bestgen, Sarah/Kirchhofer, Roger/Adam, Stefan M./Tschopp, Dominik (2022): Soziale Organisationen an der digitalen Schwelle – ein Modell zum Umgang mit digitalen Herausforderungen. In: Gehrlach, Christoph/Bergen, Matthias von/Eiler, Katharina (Hrsg.): Zwischen gesellschaftlichem Auftrag und Wettbewerb. Perspektiven auf Sozialwirtschaft und Sozialmanagement. Wiesbaden: Springer VS, S. 253–269.

Breyer-Mayländer, Thomas (2020): Den digitalen Wandel erfolgreich meistern. In: Ückert, Sandra/Sürgit, Hasan/Diesel, Gerd (Hrsg.): Digitalisierung als Erfolgsfaktor für das Sozial- und Wohlfahrtswesen. Forschung und Entwicklung in der Sozialwirtschaft, Band 13. Baden-Baden: Nomos, S. 11–30.

Evans, Michaela/Hilbert, Josef (2020): Zur Zukunft der Arbeit in der Sozial- und Gesundheitswirtschaft in der Digitalisierungsära. In: Kutscher, Nadja/Ley, Thomas/Seelmeyer, Udo/Siller, Friederike/Tillmann, Angela/Zorn, Isabel (Hrsg.): Handbuch Soziale Arbeit und Digitalisierung. Weinheim: Beltz Juventa, S. 76–88.

Kreidenweis, Helmut (2020): Digitalisierung der Sozialwirtschaft – Herausforderungen für das Management sozialer Organisationen. In: Kutscher, Nadja/Ley, Thomas/Seelmeyer, Udo/Siller, Friederike/Tillmann, Angela/Zorn, Isabel (Hrsg.): Handbuch Soziale Arbeit und Digitalisierung. Weinheim: Beltz Juventa, S. 390–401.

Matthies, Annemarie/Tetens, Jakob/Wahren, Juliane (2023): Zwischen Arbeitserleichterung und De-Professionalisierungsgefahr. In: Sozial Extra 47, S. 158–164.

Matthies, Annemarie/Sailer, Jan/Tetens, Jakob/Wahren, Juliane (2024): Digitalisierung (in) der Sozialen Arbeit als Strategie gegen den Fachkräftemangel? Prognosen, Erfahrungen und Bedingungen aus Perspektive der Praxis. In: Franz, Julia/Spatscheck, Christian/van Rießen, Anne (Hrsg.): Fachkräftemangel und De-Professionalisierung in der Sozialen Arbeit – Analysen und Bestandsaufnahmen. DGSA-Schriftenreihe. Opladen: Verlag Barbara Budrich (im Erscheinen).

Schnell, Martin W. (2020): Ethische Dimensionen der Digitalisierung. In: Ückert, Sandra/Sürgit, Hasan/Diesel, Gerd (Hrsg.): Digitalisierung als Erfolgsfaktor für das Sozial- und Wohlfahrtswesen. Forschung und Entwicklung in der Sozialwirtschaft, Band 13. Baden-Baden: Nomos, S. 87–102.

Wolff, Dietmar (2020): Chancen und Risiken der Digitalisierung in der Sozialwirtschaft. In: Ückert, Sandra/Sürgit, Hasan/Diesel, Gerd (Hrsg.): Digitalisierung als Erfolgsfaktor für das Sozial- und Wohlfahrtswesen. Forschung und Entwicklung in der Sozialwirtschaft, Band 13. Baden-Baden: Nomos, S. 77–86.

10.2 Diversitäts- und machtsensible Organisationsentwicklung

Die gesellschaftliche Vielfalt wächst und für Soziale Organisationen ist es zunehmend notwendig, auf die Bedürfnisse unterschiedlicher Gruppen und Adressat:innen einzugehen. Deshalb ist Diversitätssensibilität eine wichtige Komponente der Organisationsentwicklung. Sie umfasst auch ein Verständnis für Machtprozesse und -beziehungen, da in Sozialen Organisationen ebenso wie in anderen Organisationen Machtbeziehungen die Interaktionen und Entscheidungsprozesse beeinflussen.

THINK ABOUT before reading:

- Wie spiegelt sich die gesellschaftliche Vielfalt in den Strukturen und Praktiken der Sozialen Organisationen wider?
- Wie können wir uns in Praxiskontexten diversitäts- und machtsensibel verhalten?

Schauen wir uns ein Beispiel an: Die Mitarbeiter:innen eines Jugendtreffs fragen sich, „wer sind unsere Besucher:innen, wer fühlt sich willkommen und wer fühlt sich von den Angeboten gar nicht erst angesprochen?“. Die Vorstellung, die Angebote des Jugendtreffs richteten sich an alle, die Einrichtung schließe niemanden aus, genügt dabei nicht. Der Blick muss nach innen gerichtet werden: auf die Struktur der Organisation, auf die Mitarbeiter:innen selbst, auf die Organisationskultur in der Einrichtung. Nur durch solch einen kritischen Blick können Barrieren und unsichtbare

Schranken identifiziert werden. Der Prozess der diversitäts- und machtsensiblen Organisationsentwicklung bedeutet, diese Barrieren und Schranken zu erkennen und zu beseitigen. Der Träger muss sich Fragen stellen wie: Welche Vorstellung von Normalität möchten wir in der Einrichtung repräsentieren und welche Lebenswelten schließen wir dadurch vielleicht aus? Wer sind die Mitarbeitenden und wie sind diese positioniert? Gesellschaftliche Vielfalt sollte sich auch in der Organisation abbilden und gleichzeitig sollten keine Gruppen ausgegrenzt werden.[10]

Diversität gestalten

Organisationsentwicklung (wie bereits in Kapitel 3 in diesem Band ausgeführt) ist die bewusst geplante, prozesshaft gestaltete Veränderung von Organisationen unter maßgeblicher Partizipation der betroffenen Mitarbeiter:innen. Der Prozess ist längerfristig angelegt und verfolg zum einen das Ziel der Verbesserung der Leistungsfähigkeit und zum anderen die Steigerung der Qualität des Arbeitslebens (Wende 2022: 629).

Diversitätssensible Organisationsentwicklung wird hier als ein Ansatz vorgestellt, der das Ziel verfolgt, Menschen – sowohl Adressat:innen der Sozialen Arbeit als auch Beschäftigte in Sozialen Organisationen – mit ihren unterschiedlichen gesellschaftlichen Positionen und Merkmalen einzubeziehen. Dazu gehören Faktoren wie geschlechtliche Identität, Alter, ethnische Herkunft, Rassismus- und Migrationserfahrungen, soziale Klasse, Religion, Behinderung, sexuelle Orientierung sowie verschiedene Persönlichkeiten und ihre spezifischen Bedürfnisse und Bedarfe. Diese

10 Soziale Organisationen setzten sich für eine offene und menschenrechtsbasierte Soziale Arbeit ein, die sich gegen jede Form von Diskriminierung und Rechtsextremismus innerhalb und außerhalb der Einrichtungen richtet. In besonderen Fällen bedeutet dies aber auch den Ausschluss bestimmter Personengruppen. Antidemokratische/rechtsextreme Positionen werden z. B. durch Hausverbote u. ä. m. ausgeschlossen, um innerhalb der Organisation einen Schutzraum zu schaffen. Darüber hinaus gibt es Einrichtungen, Frauenhäuser etc., die ebenfalls aus Schutzgründen Männern keinen Zutritt zur Einrichtung gewähren und sie auch nicht als Mitarbeitende beschäftigen.

Aspekte sollen in der Prozessgestaltung von Organisationen gehört, mitgedacht und berücksichtigt werden. In diesem Kapitel liegt der Fokus besonders auf den Beschäftigten in Sozialen Organisationen.

Machtsensibilität in der Organisationsentwicklung bedeutet, dass die Existenz und die Auswirkungen von Machtverhältnissen innerhalb der Organisation berücksichtigt werden. In Sozialen Organisationen gibt es häufig hierarchische Machtstrukturen, oft verbunden mit dem Bildungsgrad, der Berufserfahrung, dem Geschlecht, dem sozialen Hintergrund oder der Ethnie. Diese Strukturen können dazu führen, dass bestimmte Personen, Gruppen oder Meinungen mehr Gewicht erhalten als andere. Eine machtsensible Organisation ist sich dieser Dynamiken bewusst und ergreift Maßnahmen, um die Gleichverteilung von Macht zu fördern und Ausgrenzung zu verhindern. Dies entspricht auch dem Professionsverständnis von Sozialarbeitenden: „Professionelle der Sozialen Arbeit verfügen in der helfenden Beziehung über Macht. […] Soziale Arbeit muss sensibel mit Macht und Machtstrukturen umgehen“ (DBSH 2014: 26).

Nach Melanie Misamer und Lea Hennecken (2022: 197) beinhaltet Machtsensibilität ein Wissen um:

- den eigenen Status
- mögliche Korrumpierungsmechanismen
- das Eigenwirkpotenzial von Macht
- unterschiedliche Wahrnehmungen der Machtanwendung je nach Standpunkt
- sozialpsychologische Fallstricke der eigenen Wahrnehmung

Idealerweise sind alle Beschäftigten einer Sozialen Organisation gleichermaßen für das Gelingen eines diversitäts- und machtsensiblen Organisationsentwicklungsprozesses verantwortlich und von Anfang an mit einzubeziehen. Eine besondere Aufgabe und Verantwortung kommt den Leitungs- und Führungskräften zu. Ohne regelmäßige Unterstützung und Mitwirkung der Leitung ist ein Organisationsentwicklungsprozess kaum zu bewerkstelligen (Nguyen 2019: 56).

Diversitäts- und Machtsensibilität in Organisationsentwicklung einbeziehen

Das Veränderungsbestreben innerhalb von Sozialen Organisation beginnt bereits mit dem Auswahlprozess neuer Mitarbeiter:innen. Nach dem Allgemeinen Gleichbehandlungsgesetzt (AGG) sind grundsätzlich nur merkmalsneutrale Stellenausschreibungen erlaubt. Zentrale Norm ist ein arbeitsrechtliches Benachteiligungsverbot, das den gesamten Verlauf eines Beschäftigungsverhältnisses, d. h. von der Personalauswahl bis zur Beendigung der Beschäftigung, in seinen Schutzbereich einbezieht (§ 7 i. V. m. § 2 Abs. 1 Nr. 11 AGG). Darüber hinaus findet es Ausdruck in der Erarbeitung von Beschwerdeverfahren und Einrichtung von Beschwerdestellen sowie Schutzkonzepten.

Nach dem Allgemeine Gleichbehandlungsgesetz (AGG) muss jede:r Arbeitgeber:in eine Beschwerdestelle benennen, ein entsprechendes Beschwerdeverfahren gestalten und über die entsprechenden Rechte, Beschwerdewege und Fristen informieren.

Die Implementierung von diversitäts- und machtsensiblen Methoden sollte nicht als isoliertes Projekt betrachtet werden, sondern als integraler Bestandteil eines kontinuierlichen Organisationsentwicklungsprozesses. Damit Diversitätsmanagement nicht Teil der organisationalen Fassade bleibt und nur unzureichend in der Praxis umgesetzt wird, ist es das Ziel, eine Organisationskultur der Zugehörigkeit und Anerkennung zu entwickeln. Dazu gehören:

- die Ausbildung von Führungskräften und Mitarbeiter:innen in Bezug auf Diversität und Macht,
- die Schaffung von Strukturen für Partizipation und Mitbestimmung,
- die Überarbeitung von Leitlinien und Prozessen zur Förderung von Gleichheit und Gerechtigkeit,
- die Implementierung von Kontrollmechanismen zur Überprüfung und Verbesserung der Praktiken.

Diese Maßnahmen sollten als Teil eines umfassenden Organisationsentwicklungsplans betrachtet werden, der fortlaufend aktualisiert und angepasst wird, um den Herausforderungen einer sich ständig verändernden Gesellschaft gerecht zu werden.

Anti-Bias-Ansatz: Diversität stärken

Eine mögliche Form der Unterstützung bieten Fortbildungen und Weiterqualifizierungen, wie z. B. zum Thema Critical Whiteness, während gleichzeitig Empowerment-Angebote geschaffen werden. Darüber hinaus ist es wichtig, einen Rahmen und festen Ort zu etablieren, an dem über Themen wie Diskriminierung und Macht gesprochen und reflektiert werden kann, wie z. B. in Team- und Supervisionssitzungen oder anonymisierte Meldeverfahren.

Als weitere Grundlage kann der Anti-Bias-Ansatz helfen. Er hat das Ziel, Strukturen und Handlungsweisen so zu verändern, dass alle Menschen, ungeachtet ihrer Merkmale, gleichwertig am gesellschaftlichen Leben teilhaben können. Dazu müssen Vorurteile und Diskriminierungen wahrgenommen sowie aktiv auf individueller, kultureller, institutioneller und struktureller Ebene abgebaut werden (Mertol/Meyer 2023).

Die vier grundlegenden Ziele des Anti-Bias-Ansatzes sind für alle Menschen die gleichen und auf alle (Arbeits-)Kontexte übertragbar bzw. anwendbar. Sie gelten auch als Grundgerüst für die Praxis:

Abb. 28: Ziele des Anti-Bias-Ansatzes

Ziele Anti-Bias-Ansatz

Identität stärken
Jeder Mensch findet Anerkennung und Wertschätzung, als Individuum und als Mitglied einer bestimmten sozialen Gruppe. Dazu gehören Selbstvertrauen und Wissen um den eigenen sozialen Hintergrund.

Erfahrungen mit Vielfalt ermöglichen
Auf der Basis einer gestärkten Ich- und Bezugsgruppen-Identität wird den Beteiligten ermöglicht, aktiv und bewusst Erfahrungen mit Menschen zu machen, die anders aussehen und sich anders verhalten als sie selbst, sodass sie sich mit ihnen wohlfühlen und Empathie entwickeln können.

Kritisches Denken über Gerechtigkeit anregen
Die Menschen erhalten Impulse, um über Vorurteile, Machtasymmetrien und Ideologien der Überlegenheit und Unterlegenheit zu reflektieren.

Aktiv werden gegen Unrecht und Diskriminierung
Kritisch Denkende werden ermutigt, sich aktiv und gemeinsam mit anderen für Gerechtigkeit einzusetzen sowie sich gegen einseitige oder diskriminierende Verhaltensweisen zur Wehr zu setzen, die gegen sie oder andere gerichtet sind.

Quelle: eigene Darstellung in Anlehnung an Reddy 2019: 22

Menschen zu motivieren und zu befähigen, Diversität zu respektieren und Diskriminierung zu widerstehen, sind Ziele des Trainings. Mit der Anti-Bias-Methode werden Rassismus, Sexismus und andere Formen von Diskriminierung in Alltag, Familie, Beruf und Institutionen greifbar.

Die Implementierung dieses Ansatzes erfordert eine langfristige Strategie auf struktureller Ebene und kontinuierliche Anstrengungen, da sie tiefgreifende Veränderungen in der Organisationsstruktur und -kultur erfordern (vgl. Kapitel 3 in diesem

Band). Dazu gehört auch die Bereitschaft, bisherige Praktiken in Frage zu stellen und permanente Lernprozesse zu fördern. Es ist ein laufender Prozess, der sowohl Führungskräfte als auch Mitarbeiter:innen herausfordert, sich stetig weiterzuentwickeln und an einem gemeinsamen Verständnis von Vielfalt, Gerechtigkeit und Macht in der Organisation zu arbeiten.

Sabine Hark und Paula-Irene Villa (2017) sprechen von einer Haltung des „Denkens in Differenzen". Sie schreiben unter anderem, dass wir aufmerksam werden müssen für das, was wir ausblenden. „Es heißt, das Bekannte zu verlassen – es zumindest in Frage zu stellen und stellen zu lassen – und die Dinge aus anderen Perspektiven betrachten" (Hark/Villa 2017: 121ff.).

IN A NUTSHELL: Diversitäts- und machtsensible Organisationsentwicklung

Diversitäts- und Machtsensibilität sind unerlässlich für die Entwicklung von Sozialen Organisationen, die effektiv auf die Bedürfnisse einer diversen Gesellschaft reagieren und das Potenzial aller ihrer Mitglieder ausschöpfen möchten. Eine selbstkritische und reflektierte Auseinandersetzung mit der eigenen Macht ist wichtig.

Linkempfehlungen zur Vertiefung

Einen Überblick über Beratungsstellen gegen Diskriminierung sind zu finden auf der Website der Antidiskriminierungsstelle des Bundes (ADS) unter: antidiskriminierungsstelle.de; zudem beim Antidiskriminierungsverband Deutschland (advd) unter: antidiskriminierung.org

Quellen

DBSH – Deutscher Berufsverband für Soziale Arbeit e. V. (2014): Ethik in der Sozialen Arbeit – Erklärung der Prinzipien. In: Forum sozial, 4, S. 1–44. https://www.dbsh.de/profession/berufsethik/berufsethik-des-dbsh.html [Zugriff: 10.03.2024].

Hark, Sabine/Villa, Paula-Irene (2017): Unterscheiden und Herrschen. Ein Essay zu den ambivalenten Verflechtungen von Rassismus, Sexismus und Feminismus in der Gegenwart. Bielefeld: transcript.

Misamer, Melanie/Hennecken, Lena (2022): Machtsensibilität in der Praxis Sozialer Arbeit. Eine explorative Analyse. In: EREV- Fachzeitschrift für evangelische Jugendhilfe 99, 4, S. 194–201.

Mertol, Birol/Meyer, Dana (2023): Anti-Bias-Ansatz. https://www.socialnet.de/lexikon/4716 [Zugriff: 10.03.2024].

Nguyen, Toan Quoc (2019): Kein Spaziergang, sondern ein Dauerlauf! Anforderungen an rassismuskritische und diversitätsorientierte Organisationsentwicklung. In: Seng, Sebastian/Warrach, Nora (Hrsg.): Rassismuskritische Öffnung. Herausforderungen und Chancen für die rassismuskritische Öffnung der Jugend(verbands)arbeit und Organisationsentwicklung in der Migrationsgesellschaft. Düsseldorf: Informations- und Dokumentationszentrum für Antirassismusarbeit e. V.

Reddy, Prassad (2019): „Hier bist Du richtig, wie Du bist!“ Theoretische Grundlagen, Handlungsansätze und Übungen zur Umsetzung von Anti-Bias-Bildung für Schule, Jugendarbeit, Soziale Arbeit und Erwachsenenbildung. Düsseldorf: Informations- und Dokumentationszentrum für Antirassismusarbeit e. V.

Wende, Lutz (2022): Organisationsentwicklung. In: Fachlexikon der Sozialen Arbeit. Deutscher Verein für öffentliche und private Fürsorge e. V. Baden-Baden: Nomos. 9. Aufl.

10.3 Nachhaltigkeit und Gemeinwohlökonomie – eine gute Zukunft gestalten

THINK ABOUT before reading:

- Was genau ist unter Nachhaltigkeit zu verstehen?
- Welche Bedeutung hat das Thema Nachhaltigkeit für Soziale Organisationen?
- Worin liegen die Vorteile einer Gemeinwohlbilanz?

Ein Fallbeispiel als Ausgangspunkt

Mehrere Mitarbeitende und Leitungskräfte eines Trägers kommen von einer Fachtagung zurück, auf der sie einen Vortrag zum Thema *Nachhaltigkeit* gehört haben. Sie sind motiviert, diese Ideen auch in ihrer Organisation umzusetzen und nehmen hierzu Kontakt zur oberen Leitungsebene auf. Der Vorstand der Organisation hat sich wiederum gerade auf einem Netzwerktreffen mit anderen Sozialen Organisationen mit dem Konzept der *Gemeinwohlökonomie* beschäftigt und möchte prüfen, inwiefern es in der eigenen Organisation Anwendung finden könnte. Vor diesem Hintergrund beschließt der Vorstand, zunächst in einer Austauschrunde mit verschiedenen Beteiligten Argumente für und gegen die Idee zu sammeln, die Organisation mehr in Richtung Nachhaltigkeit auszurichten und dies möglicherweise im Rahmen einer Gemeinwohlbilanz darzustellen.

Zunächst stellen die Mitarbeitenden und Leitungskräfte ihre Erkenntnisse aus der Fachtagung und erste Ideen zur Umsetzung vor. Sie betonen, dass Nachhaltigkeit eines der großen Zukunftsthemen ist, weshalb es sinnvoll sei, sich als Organisation schon heute auf den Weg zu machen und innovativ aufzustellen. Schließlich handele es sich bei dem Thema Nachhaltigkeit um eine wachsende globale Bewegung, die soziale, wirtschaftliche und ökologische Intentionen verbinde, um damit gesellschaftlichen Krisen präventiv zu begegnen (Elsen 2023: 246). Eine Bereichsleitung entgegnet, dass das Thema doch eigentlich ein „alter Hut“ sei. Bereits in den 1970er Jahren habe der Club of Rome mit dem Bericht „The Limits of Growth – Die Grenzen des Wachstums“ (Meadows et al. 1972) auf Fragen der Nachhaltigkeit und Probleme des wirtschaftlichen Wachstums in einer Welt begrenzter Ressourcen aufmerksam gemacht. Die jetzt diskutierten Umweltprobleme und Fragen der Ressourcenknappheit seien bereits vor über fünfzig Jahren in diesem Bericht prognostiziert worden. Eine andere Bereichsleitung erwidert, dass es vor diesem Hintergrund umso wichtiger sei, sich als Soziale Organisation des Themas anzunehmen. Zumal die Ziele der Sozialen Arbeit, also die Förderung von „gesellschaftlichen Veränderungen, sozialen Entwicklungen und des sozialen Zusammenhalts“ sowie die „Stärkung der Autonomie und Selbstbestimmung von Menschen“ (Deutscher Berufsverband für Soziale Arbeit 2016), gut zu den Prinzipien der Nachhaltigkeitsbewegung passten. Diese orientiert sich an einem langfristigen ökologischen Gleichgewicht und wirtschaftlichen Konzepten jenseits der reinen Wachstumsorientierung, auch um eine zunehmende soziale Spaltung zu verhindern (Adler/Schachtschneider 2017: 9). Insofern sei das Thema Nachhaltigkeit nicht nur ein „nice to have“, sondern mache ein kurz-, mittel- und langfristig verändertes Handeln sowohl auf Ebene der Mitarbeitenden wie auch im Management der Organisation notwendig (Schneider 2023: 12).

Nach dieser grundsätzlichen Diskussion wird es konkreter. Der Betriebsrat stellt mit Blick auf eine angespannte Personalsituation infolge des Fachkräftemangels sowie einen steigenden Kostendruck infrage, dass die Organisation aktuell die nötigen Kapazitäten hat, um sich den Bereichen Nachhaltigkeit und Gemeinwohlökonomie zu widmen und eine umfangreiche Organisationsentwicklung anzustoßen. Die Frage sei, ob Aufwand und Nutzen im Verhältnis stünden (Löhe 2022: 78). Eine Teamleitung hinterfragt, inwiefern das Ziel der Nachhaltigkeit, nachgewiesen in einer Gemeinwohlbilanz, überhaupt für Stakeholder:innen[11] der Orga-

11 Stakeholder:innen sind Personen oder Gruppen, die durch die Aktivitäten einer Organisation beeinflusst werden oder diese beeinflussen können (Mitarbeitende, Adressat:innen, Kostenträger, Kooperationspartner:innen etc.).

nisation von Interesse sei. Als Beispiel nennt sie die Perspektive des Kostenträgers oder des Aufsichtsrats des Trägers, dort werde nach ihrer Erfahrung zuallererst auf eine solide ökonomische Bilanz geschaut. Hierauf entgegnet eine Mitarbeiterin, dass eine stärker an Nachhaltigkeit ausgerichtete Organisation für andere Stakeholder:innen durchaus attraktiv sei, nicht zuletzt auch für Bewerber:innen. Die junge Generation schaue bei der Stellensuche aus der Perspektive einer *Postwachstumsgesellschaft* darauf, inwiefern der potenzielle Arbeitgeber soziale, ethische, ökologische und ökonomische Aspekte in seiner Organisationskultur zusammenbringe (Adler/Schachtschneider 2017: 10). An dieser Stelle meldet sich auch die Stabstelle für Öffentlichkeitsarbeit und Fundraising zu Wort und macht deutlich, dass sie gute Chancen sieht, die Aspekte Nachhaltigkeit und Gemeinwohl in der Öffentlichkeitsarbeit und Spendenakquise strategisch zu nutzen. In einem Beitrag von Armin Schneider (2018) habe sie gelesen, dass Soziale Organisationen durch die Einbeziehung von Nachhaltigkeit eine stärkere gesellschaftliche Wirkung erzielen könnten. Nachhaltigkeit bereichere die soziale Dimension und sei für die Glaubwürdigkeit von Unternehmen der Sozialwirtschaft durchaus bedeutsam (ebd.: 208).

Nach diesem ersten Austausch beschließen die Anwesenden die Gründung einer Arbeitsgruppe (AG) zum Thema Nachhaltigkeit, die die Ideen weiter konkretisieren und dabei die angesprochenen Möglichkeiten, aber auch die Risiken berücksichtigen soll.

Begriffsklärung

In ihrem ersten Termin stimmt sich die AG zunächst dazu ab, was unter Nachhaltigkeit und Gemeinwohl zu verstehen ist. In diesem Zusammenhang beschäftigt sie sich mit der im Jahr 1992 von den Vereinten Nationen entwickelten *Agenda 21* und ihrer Neufassung im Jahr 2015, der *Agenda 2030*, in der insgesamt siebzehn Ziele für nachhaltige Entwicklung (Sustainable Development Goals) festgeschrieben wurden, die sich an „Staat, Zivilgesellschaft, Wirtschaft, Wissenschaft und jede und jeden Einzelnen“ richten (Bundesministerium für wirtschaftliche Zusammenarbeit und Entwicklung

2023). Beispiele für Ziele der Agenda sind: keine Armut, Gesundheit und Wohlergehen, hochwertige Bildung, Geschlechtergleichheit, bezahlbare und saubere Energie, weniger Ungleichheiten, Maßnahmen zum Klimaschutz. Die AG beschließt, sich bei ihrer weiteren Arbeit an dem weit verbreiteten *Drei-Säulen-Modell* von Nachhaltigkeit zu orientieren, das *Umwelt*, *Wirtschaft* und *Soziales* als gleichwertige Dimensionen herausstellt.

Abb. 29: Drei-Säulen-Modell der Nachhaltigkeit

ÖKOLOGISCHE DIMENSION	ÖKONOMISCHE DIMENSION	SOZIALE DIMENSION
Im Vordergrund steht das Problem des sparsamen Umgangs mit den Ressourcen der Natur und ihrer *Regenerationsfähigkeit*, z.B. durch eine Erweiterung regenerativer Energien und die Reduzierung von Schadstoffemissionen.	Es steht die Frage im Fokus, ob unbegrenztes quantitatives Wirtschaftswachstum mit ressourcenerhaltender nachhaltiger Entwicklung verträglich ist oder ob stattdessen eine Begrenzung des ökonomischen Wachstums oder eine Umsteuerung auf *qualitatives Wachstum* anzustreben ist.	Der Nachhaltigkeitsdiskurs bezieht sich vor allem auf die *intergenerationale Gerechtigkeit*, also auf die Berücksichtigung der Lebensinteressen zukünftiger Generationen.

Quelle: eigene Darstellung in Anlehnung an Böhnisch 2020: 19

In diesem Zusammenhang diskutiert die Gruppe über den Unterschied zwischen sogenannter schwacher und starker Nachhaltigkeit. *Schwache Nachhaltigkeit* befürwortet den Austausch zwischen natürlichem und von Menschen geschaffenem Kapital, solange der Gesamtwert des Kapitals erhalten bleibt. Dieser Ansatz sieht wirtschaftliches Wachstum und technologischen Fortschritt als Lösung für Umweltprobleme. *Starke Nachhaltigkeit* hingegen betont die Unersetzbarkeit natürlichen Kapitals und fordert, dass die Nutzung natürlicher Ressourcen die Grenzen der Erde nicht überschreiten darf, wobei der Umweltschutz Vorrang vor wirtschaftlichen Interessen haben soll (Liedholz/Verch 2023: 7). Die AG beschließt, sich bei der weiteren Arbeit nach Möglichkeit an einem starken Nachhaltigkeitsbegriff zu orientieren.

Auch zum Begriff der Gemeinwohlökonomie tauscht sich die AG aus. Ein Mitglied stellt die Definition von Helmut Janßen-Orth (2022: 4) vor, der die Gemeinwohlökonomie als ein *alternatives Wirtschaftskonzept* beschreibt, das humane, soziale und ökologische Ziele ins Zentrum des ökonomischen Handelns stellt. Wirtschaftliche Entscheidungen und Ergebnisse müssen sich demnach daran messen lassen, inwiefern sie dem Gemeinwohl dienen, in dem sie Mitentscheidung, Solidarität und Gerechtigkeit, ökologische Nachhaltigkeit sowie Transparenz fördern.

Abb. 30: Gemeinwohl-Matrix

	MENSCHEN-WÜRDE	SOLIDARI-TÄT UND GERECH-TIGKEIT	ÖKOLO-GISCHE NACHHAL-TIGKEIT	TRANSPA-RENZ UND MITENT-SCHEIDUNG
Lieferant:innen	Menschenwürde in der Zuliefererkette	Solidarität und Gerechtigkeit in der Zulieferkette	Ökologische Nachhaltigkeit in der Zulieferkette	Transparenz und Mitentscheidung in der Zulieferkette
Eigentümer-:innen und Finanzpartner-:innen	Ethische Haltung im Umgang mit Geldmitteln	Soziale Haltung im Umgang mit Geldmitteln	Sozial-ökologische Investitionen und Mittelverwendung	Eigentum und Mitentscheidung
Mitarbeitende	Menschenwürde am Arbeitsplatz	Ausgestaltung der Arbeitsverträge	Förderung des ökologischen Verhaltens der Mitarbeitenden	Innerbetriebliche Mitentscheidung und Transparenz

	MENSCHEN-WÜRDE	SOLIDARI-TÄT UND GERECH-TIGKEIT	ÖKOLO-GISCHE NACHHAL-TIGKEIT	TRANSPA-RENZ UND MITENT-SCHEIDUNG
Kund:innen und Mitunter-nehmen	Ethische Kund*innen-beziehungen	Kooperation und Soli-darität mit Mitunter-nehmen	Ökologische Auswirkung durch Nutzung und Ent-sorgung von Produkten und Dienst-leistungen	Kund*innen-Mitwirkung und Pro-dukttrans-parenz
Gesell-schaft-liches Umfeld	Sinn und gesell-schaftliche Wirkung der Produkte	Beitrag zum Gemein-wesen	Reduktion ökologischer Auswirkun-gen	Transparenz und gesell-schaftliche Mitentschei-dung

Quelle: Gemeinwohl Ökonomie Deutschland 2024

Unternehmen oder Organisationen, die sich der Idee der Gemeinwohlökonomie verpflichten, erstellen einmal pro Jahr eine sogenannte *Gemeinwohlbilanz*, in der sie anhand einer Matrix (siehe Abbildung 30) darlegen, welche der in der Matrix genannten Aspekte sie in welchem Umfang realisieren konnten und wo es noch Weiterentwicklungsbedarf gibt. Der Erfolg des Unternehmens oder der Organisation wird somit nicht mehr vor allem an der finanziellen Bilanz festgemacht, sondern vielmehr an dem Grad der Zielerreichung innerhalb der mehrdimensionalen Matrix (ebd.: 17f.).

Für die AG wird deutlich: Nachhaltigkeit und Gemeinwohlökonomie weisen einige Gemeinsamkeiten in ihren Grundwerten und Zielen auf. Während Nachhaltigkeit sich auf die langfristige Erhaltung ökologischer, wirtschaftlicher und sozialer Ressourcen konzentriert, erweitert die Gemeinwohlökonomie diesen Ansatz. Sie schlägt ein Wirtschaftssystem vor, das auf das Wohl aller ausgerichtet ist. Gemeinwohlökonomie betont ethische Geschäftspraktiken, soziale Gerechtigkeit und ökologische Nachhaltigkeit als Kern ihrer Wirtschaftsphilosophie.

Nachhaltigkeitsmanagement in der konkreten Umsetzung

In weiteren Treffen entwirft die AG einen Fahrplan für die mögliche Umsetzung einer Nachhaltigkeitsstrategie und Gemeinwohlbilanz. Zunächst soll das *Leitbild des Trägers* angepasst werden, um das Thema Nachhaltigkeit zu integrieren. Auch im Führungsverständnis des Trägers soll „Nachhaltigkeitsmanagement als eine Querschnittsaufgabe“ (Weber/Lühr/Johnson 2015: 6) verankert werden, damit dieses Kernanliegen durch das Management gesteuert und systematisch in den Prozessen und Strukturen der Organisation berücksichtigt werden kann.

Hierauf aufbauend sollen konkrete *Handlungsziele* formuliert werden, die sich am sogenannten *SMART-Prinzip* orientieren (siehe Kapitel 9 in diesem Band). Exemplarisch werden in der AG drei Ziele durchdekliniert:

Abb. 31: Beispielhafte Ziele im Rahmen von Nachhaltigkeit und Gemeinwohlökonomie

Spezifisch	**Implementierung eines Recycling- und Kompostierungsprogramms zur Halbierung des Restmülls**	**Bildungsprogramm zum Thema Nachhaltigkeit für Mitarbeitende und Adressat:innen**	**Aufsetzen einer Gemeinwohlbilanz**
Messbar	Systematische Dokumentation des Füllstands der Mülltonnen und Reduktion der Anzahl an Mülltonnen auf die Hälfte	Dokumentation der Teilnahmezahlen und Erreichen von mindestens 100 Mitarbeitenden und 100 Adressat:innen	Vorliegen der Bilanz und Erreichen von mindestens 50 % der maximal möglichen Punktzahl

Akzeptiert	Gewinnung und Unterstützung von Mitarbeitenden und Adressat:innen durch Informationsveranstaltungen und Workshops zum Thema Müllvermeidung und Recycling	Einbeziehung von Mitarbeitenden und Adressat:innen in die Gestaltung des Programms, um sicherzustellen, dass die Inhalte interessant und ansprechend sind	Einbindung aller relevanten Stakeholder:innen in den Prozess der Gemeinwohlbilanzerstellung durch Workshops, um ein gemeinsames Verständnis für die Bedeutung zu schaffen
Relevant	Trägt zur Nachhaltigkeit bei, indem Ressourcen geschont und die Umweltauswirkungen der Einrichtung verringert werden	Bildung und Sensibilisierung zu Nachhaltigkeit und Gemeinwohlökonomie fördern ein umweltbewusstes und gemeinschaftliches Handeln	Identifizierung von Verbesserungsbedarfen sowie Möglichkeit zur Nutzung der Ergebnisse für Öffentlichkeitsarbeit und Marketing
Terminiert	Zielerreichung innerhalb von 12 Monaten, Überprüfung alle 3 Monate	Zielerreichung innerhalb von 12 Monaten, Überprüfung alle 3 Monate	Zielerreichung innerhalb von 18 Monaten, Überprüfung alle 3 Monate

Quelle: eigene Darstellung

Nachdem die Handlungsziele festgelegt wurden, trifft die AG als nächstes Absprachen bezüglich einer *Kommunikationsstrategie* nach Innen und Außen. Durch Newsletter, Beiträge auf Social Media sowie trägerinterne und öffentliche Veranstaltungen soll regelmäßig über die Fortschritte, aber auch die Herausforderungen in Bezug auf die Umsetzung der Nachhaltigkeitsziele informiert werden.

Ein weiterer Baustein ist die *Beteiligung und Aktivierung von Mitarbeitenden und Adressat:innen*. Die AG ist sich einig, dass eine erfolgreiche Implementierung von Nachhaltigkeitsprinzipien ein geeignetes *Change-Management* unter Einbeziehung aller Stakeholder:innen des Trägers voraussetzt. Daher sollen im Rahmen der Umsetzung der einzelnen Nachhaltigkeitsziele Unterarbeitsgruppen gebildet werden, die sowohl Mitarbeitenden als auch Adressat:innen offenstehen. Hiervon erhofft sich die AG mehr Akzeptanz und Mitverantwortung aller Beteiligten.

Ergänzend zur Umsetzung der drei oben genannten Ziele schlägt die AG die Erstellung einer *Nachhaltigkeitsanalyse* vor. Vor dem Hintergrund, dass die Messung der Auswirkungen von Nachhaltigkeitsbemühungen sehr komplex und aufwendig sein kann, wird beschlossen, sich bei der Erstellung dieser Analyse durch eine spezialisierte Organisationsberatungsfirma unterstützen zu lassen. Außerdem soll diese Beratungsfirma dabei helfen, das angestrebte *Bildungsprogramm* für Mitarbeitende und Adressat:innen umzusetzen, das als bedeutsam für die Förderung eines Wandels zu Postwachstumsgesellschaften angesehen wird (Adler/Schachtschneider 2017: 16).

Schließlich beschäftigt sich die AG mit der Frage der *Finanzierung* der neuen Nachhaltigkeitsstrategie. Schnell wird klar, dass die damit verbundenen Kosten (v. a. Stundenaufwand für dic in den AG und UAG mitwirkenden Mitarbeitenden sowie die Fortbildungsteilnahme; Kosten für die Organisationsberatung) nicht vollständig aus dem laufenden Budget des Trägers gedeckt werden können. Deshalb recherchiert die AG weitere Finanzierungsmöglichkeiten. Sie stößt auf die Förderrichtlinie „Klimaanpassung in sozialen Einrichtungen" des Bundesministeriums für Umwelt, Naturschutz, nukleare Sicherheit und Verbraucherschutz (2023) und schlägt dem Vorstand vor, sich um eine solche Förderung zu bewerben.

Die Gesamtstrategie und die einzelnen oben beschriebenen Bausteine werden der Geschäftsleitung und dem Vorstand des Trägers in einer Präsentation ausführlich vorgestellt und das Entscheidungsgremium stimmt der Umsetzung der Vorschläge zu.

Zwischenfazit

Drei Jahre nach der Verabschiedung der Nachhaltigkeitsstrategie reflektiert die AG gemeinsam mit dem Vorstand das bisher Erreichte. Insgesamt fällt das Zwischenfazit positiv aus, denn die neue Ausrichtung des Trägers in Richtung Nachhaltigkeit und Gemeinwohlökonomie erfährt von nahezu allen Mitarbeitenden, vielen Adressat:innen sowie mittlerweile auch der Öffentlichkeit viel Zuspruch. Auch der Kostenträger sowie andere freie Träger in der Region sind auf die Aktivitäten aufmerksam geworden und daran interessiert, mehr darüber zu erfahren und gegebenenfalls in puncto Nachhaltigkeit zu kooperieren. Insofern schreibt die AG dem Nachhaltigkeitsthema ein Potenzial für soziale Innovation und die Weiterentwicklung lokaler Sozialpolitik zu (Elsen 2023: 246). Diese Erfahrung bestätigt die These von Yannick Liedholz und Johannes Verch (2023: 18), dass die Einbindung nachhaltiger Praktiken in die Soziale Arbeit wegweisend für die Entwicklung neuer, lokal angepasster Wohlfahrtsmodelle ist, die sowohl ökologische als auch soziale Ziele verfolgen.

Es werden aber auch kritische Punkte angesprochen. So wird die Umsetzung der Nachhaltigkeitsanalyse – trotz intensiver Begleitung durch eine Beratungsfirma – als sehr zeitaufwendig und dadurch kostenintensiv bewertet, so dass die Umsetzung der Nachhaltigkeitsziele trotz erfolgreich eingeworbener Fördermittel auch nach drei Jahren noch immer nicht vollständig kostendeckend gelingt. Auch die Beantragung der Fördermittel und die laufende Dokumentation der Nutzung der eingeworbenen Gelder wird als aufwändig beschrieben. Die zu Beginn vereinbarte Orientierung an einem starken Nachhaltigkeitsbegriff wird ebenfalls als herausfordernd beschrieben, einige Mitglieder der AG stellen sogar die Frage, ob das nicht eine Utopie sei (Löhe 2023: 77).

Trotz dieser Herausforderungen ziehen sowohl die AG als auch der Vorstand des Trägers insgesamt eine positive Bilanz und möchten daher an der strategischen Ausrichtung festhalten, die konkreten Ziele sollen jedoch kritisch überprüft werden.

IN A NUTSHELL: Nachhaltigkeit und Gemeinwohlökonomie

Die Einführung von Nachhaltigkeit und Gemeinwohlökonomie in Sozialen Organisationen betont die Notwendigkeit, ökologische, soziale und wirtschaftliche Aspekte zu integrieren, um langfristig verantwortungsvoll zu handeln. Diese strategische Neuausrichtung zielt darauf ab, ethische Geschäftspraktiken, soziale Gerechtigkeit und ökologische Nachhaltigkeit zu fördern, was zur Glaubwürdigkeit und zum Erfolg der Organisation beitragen kann. Trotz Herausforderungen in der Umsetzung und Finanzierung kann die Orientierung an Nachhaltigkeit und Gemeinwohlökonomie als bedeutsam für soziale Innovation angesehen werden.

Literatur zur Vertiefung

Adler, Frank/Schachtschneider, Ulrich (2017): Postwachstumspolitiken – Wege zur wachstumsunabhängigen Gesellschaft. München: Oekom.

Liedholz, Yannick/Verch, Johannes (2023): Nachhaltigkeit und Soziale Arbeit. Grundlagen, Bildungsverständnisse, Praxisfelder. Opladen: Verlag Barbara Budrich.

Quellen

Adler, Frank/Schachtschneider, Ulrich (2017): Einleitung. In: Adler, Frank/Schachtschneider, Ulrich (Hrsg.): Postwachstumspolitiken – Wege zur wachstumsunabhängigen Gesellschaft. München: Oekom, S. 9–24.

Böhnisch, Lothar (2020): Sozialpädagogik der Nachhaltigkeit. Eine Einführung. Weinheim/Basel: Beltz Juventa.

Bundesministerium für Umwelt, Naturschutz, nukleare Sicherheit und Verbraucherschutz (2023): Förderrichtlinie „Klimaanpassung in sozialen Einrichtungen“. https://www.bmuv.

de/programm/klimaanpassung-in-sozialen-einrichtungen [Zugriff: 25.02.2024].

Bundesministerium für wirtschaftliche Zusammenarbeit und Entwicklung (2023): Agenda 2030 – Die globalen Ziele für nachhaltige Entwicklung. https://www.bmz.de/de/agenda-2030 [Zugriff: 25.02.2024].

Deutscher Berufsverband für Soziale Arbeit (2016): Abgestimmte deutsche Übersetzung des DBSH mit dem Fachbereichstag Sozialer Arbeit. https://www.dbsh.de/profession/definition-der-sozialen-arbeit/deutsche-fassung.html [Zugriff: 25.02.2024].

Elsen, Susanne (2023): Solidarische Ökonomien, öko-soziale Transformation und Soziale Arbeit. In: Liedholz, Yannick/Verch, Johannes (Hrsg.): Nachhaltigkeit und Soziale Arbeit. Grundlagen, Bildungsverständnisse, Praxisfelder. Opladen: Verlag Barbara Budrich, S. 245–256.

Gemeinwohl Ökonomie Deutschland (2024): Gemeinwohl-Matrix 5.0. https://germany.ecogood.org/tools/gemeinwohl-matrix/ Zugriff: 25.02.2024].

Liedholz, Yannick/Verch, Johannes (2023): Einleitung: Nachhaltigkeit und Soziale Arbeit. In: Liedholz, Yannick/Verch, Johannes (Hrsg.): Nachhaltigkeit und Soziale Arbeit. Grundlagen, Bildungsverständnisse, Praxisfelder. Opladen: Verlag Barbara Budrich, S. 7–22.

Löhe, Julian (2022): Sozialmanagement und (starke) Nachhaltigkeit. In: Löhe, Julian (Hrsg.): Nachhaltigkeit und Soziale Arbeit. Grundlagen, Bildungsverständnisse, Praxisfelder. Opladen: Verlag Barbara Budrich, S. 67–80.

Janßen-Orth, Helmut (2022): Einführung in die Gemeinwohlökonomie. In: Rosenthal, Thomas/Fittkau, Bernd (Hrsg.): Gemeinwohlökonomie im Gesundheitswesen. Forum Gesundheitsmanagement. Wiesbaden: Springer VS, S. 3–24.

Meadows, Dennis/Meadows, Conella/Zahn, Erich/Milling, Peter (1972): The Limits of Growth – Die Grenzen des Wachstums. Bericht des Club of Rome zur Lage der Menschheit. Reinbek: Rowohlt.

Schneider, Armin (2023): Nachhaltiger führen und managen. Praxishandbuch für mehr ökologische und gesellschaftliche Wirkung. Blaue Reihe Sozialmanagement. Regensburg: Walhalla.

Schneider, Armin (2018): Nachhaltigkeit als Herausforderung und Zielsetzung des Managements sozialer Unternehmen. In: Grillitsch, Waltraud/Brandl, Paul/Schuller, Stephanie (Hrsg.): Gegenwart und Zukunft des Sozialmanagements und der Sozialwirtschaft. Aktuelle Herausforderungen, strategische Ansätze und fachliche Perspektiven. Wiesbaden: Springer VS, 2. Aufl., S. 195–210.

Weber, Ursula/Lühr, Janina/Johnson, Matthew (2015): Nachhaltigkeitsmanagement mit System: Ein Leitfaden für den Mittelstand. Lüneburg: Leuphana Universität.

10.4 Professioneller Umgang mit Fehlern in Sozialen Organisationen

THINK ABOUT before reading:

- Ab welchem Zeitpunkt kann von einem Fehler gesprochen werden?
- Wie wird mit Fehlern in Sozialen Organisation umgegangen?
- Wie gehen Sie persönlich mit Fehlern um?

Obwohl wir uns bemühen, sie zu vermeiden, kommen Fehler vor. Sie sind ein unausweichlicher Bestandteil unseres Lebens und unserer Arbeit. In einigen Fällen sind sie sogar notwendig für Fortschritt und Weiterentwicklung. In den Kapiteln 3 und 6 in diesem Band, wurde das Thema Fehlerkulturen in Sozialen Organisationen bereits angedeutet. Im Folgenden setzen wir uns noch einmal ausführlicher mit dieser Thematik auseinander.

Zunächst betrachten wir die grundsätzliche Ausrichtung der Sozialen Arbeit. Zum einen agieren professionell Sozialarbeitende mit dem Ziel, Unterstützungsleistungen zu erbringen, die wieder beendet werden sollen. Nur durch die Verwirklichung beider Aspekte – Hilfe und Nichthilfe – können sie den eigenen ethischen Standards gerecht werden. Heiko Kleve bezeichnet dies als implizite Ethik der Sozialen Arbeit und als den grundlegenden „Code des Hilfesystems" (Kleve 2023: 150). Ein systemischer Fehler liegt vor, wenn die Soziale Arbeit nur einer der beiden Seiten gerecht wird: entweder, indem sie dauerhafte Hilfe bereitstellt, oder, wenn sie nicht hilft, selbst wenn professionelle Hilfe für in ihrer Selbstbestimmung und Verantwortung eingeschränkte Individuen notwendig und angemessen erscheint (ebd.: 150).

Zum anderen ist die Profession dadurch gekennzeichnet, dass es täglich Situationen gibt, die ein unmittelbares Handeln der Fachkräfte erfordern. Aufgrund des Zeitdrucks ist es nicht immer möglich, verschiedene Lösungen zu diskutieren oder sich mit dem Team auszutauschen. Daher besteht immer die Gefahr, Fehler zu machen (Biesel/Brandhorst 2023: 236). Insbesondere die Arbeit der Kinder- und Jugendhilfe rückt hier in den Fokus der (medialen) Öffentlichkeit (siehe dazu Biesel/Urban-Stahl 2022).

Darüber hinaus ist die Soziale Arbeit durch ein sogenanntes Technologiedefizit charakterisiert, d.h. durch das Fehlen einer kausalen Verbindung zwischen Ursache und Wirkung. Aufgrund der Offenheit des menschlichen Handelns und der Individualität der Adressat:innen ist es den Fachkräften in den Sozialen Organisationen nicht möglich, mit einer bestimmten Maßnahme immer das gleiche Ergebnis zu erzielen, wodurch keine allgemeingültigen Problemlösungen existieren (Compagna/Hammerschmidt/Stecklina 2022: 123). Dadurch erhöht sich auch das Risiko, dass Maßnahmen nicht greifen, zu einer:m Klient:in nicht passen bzw. von dieser:m verweigert werden. Entsprechend sind Fachkräfte gefordert, ihr Handeln fortlaufend – auch während der Hilfeprozesse – zu reflektieren, um ein Scheitern von Hilfeprozessen abzuwenden.

Interessant ist dabei, dass insbesondere die Sozialarbeitenden als Risiko betrachtet werden, Fehler zu begehen oder einen Hilfeprozess scheitern zu lassen (Hansen 2009: 101), auch wenn an diesem ein:e Klient:in als Co-Produzent:in gleichermaßen beteiligt ist. Um diesem Risiko präventiv entgegenzuwirken, versuchen Soziale Organisationen organisationale Regeln beispielweise in Form von Leitfäden zur Orientierung für Fachkräften aufzustellen oder Abläufe zu standardisieren. Solche Maßnahmen können jedoch auch als Kontrollmechanismen wahrgenommen werden und zusätzlich Ängste schüren. Entsprechende Vorsicht ist daher geboten, weil „die Formalisierung von Ablaufprozessen wie die Bedarfsermittlung nicht dazu führen [darf], dass eine Vertrauen schaffende und Beziehung fördernde Gesprächskultur gehemmt wird“ (Hansen 2009: 60). Warum es trotzdem zu Fehlern in der Praxis kommt, soll im nächsten Abschnitt betrachtet werden.

Ursachen von Fehlern

Mit Blick auf die Fehlerursachen kann zwischen menschlichen Ursachen und systemischen Problemen unterschieden werden.

Menschliche Ursachen

Menschliche Fehler resultieren potenziell aus Sorglosigkeit oder mangelnder Selbstreflexion in standardisierten und routinierten Abläufen. Dann funktioniert die berufliche Alltagspraxis nicht mehr und althergebrachtes Erfahrungswissen erweist sich als nicht mehr tragfähig (Becker 2023: 22). Ebenso können fehlende Kenntnisse oder eine falsche Anwendung von Regeln zu Fehlern führen. Vorüberlegte Verstöße hingegen werden typischerweise aus einer Unterschätzung der Aufgabenkomplexität heraus begangen, wenn persönliche Vorteile und Eigeninteressen verfolgt werden oder wenn Regeln in bestimmten Fällen als sinnlos und hinderlich wahrgenommen werden (Biesel 2011: 73).

Systemische Probleme

James Reason illustriert mit dem „Schweizer Käsescheiben-Modell“, dass der einzelne menschliche Fehler nicht als ausschließliche Ursache zu betrachten ist, wenn ein fehlerhaftes Ergebnis auftritt. Vielmehr wirkt das Zusammenspiel mehrerer Fehler in einem System auf das Ergebnis ein. Die Handlung des Individuums löst das Ereignis auf Grundlage der vorliegenden Fehler im System letztendlich nur aus (Reason 2016: 2f.).

Abb. 32: Schweizer Käsescheiben-Modell

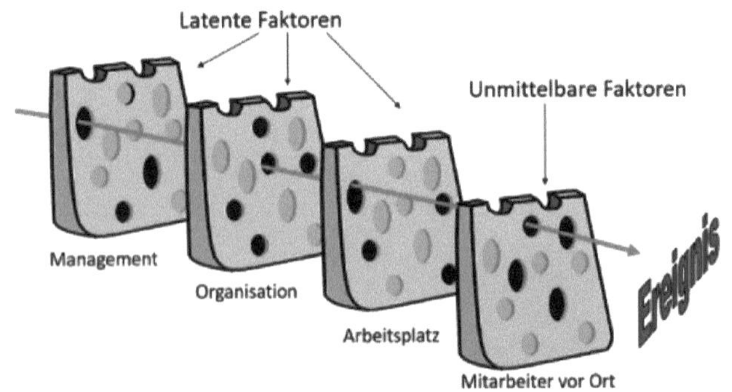

Quelle: übernommen von Reason 2016, in: Welz/Kluth 2022: 339

Die Visualisierung stellt den Entstehungsverlauf latenter und unmittelbarer Fehler innerhalb von organisatorischen Strukturen dar. Die Darstellung zeigt vier löchrige Käsescheiben, die in einer aufeinanderfolgenden Reihe angeordnet werden. Die Löcher in jeder Scheibe symbolisieren die Sicherheitslücken der unterschiedlichen Hierarchieebenen (z. B. Personalmangel, Fehleinschätzungen etc.). Diese Sicherheitslücken manifestieren sich nicht als statisch, sondern sind variabel in ihrer Größe und Position, da sie von den sich ändernden Gegebenheiten der Organisation abhängen.

In einer idealen, fehlerfreien Welt hätte der Käse keine Löcher. In der realen Welt weist jedoch jede Käsescheibe zahlreiche Löcher auf, bei denen der Ort, die Größe und der Zeitpunkt des Auftretens variieren. Ein Fehler bleibt meist unentdeckt oder irrelevant, wenn das ungeplante Ereignis lediglich ein einzelnes „Käseloch" durchdringt. Wenn jedoch die „Löcher" mehrerer aufeinanderliegender Scheiben übereinstimmen und simultan sämtliche Sicherheitssysteme versagen, kann es zu einer Katastrophe kommen. Dieses Modell findet insbesondere dort Anwendung, wo Fehler tiefgreifende Auswirkungen auf eine Organisation oder Individuen haben können (Welz/Kluth 2022: 330).

Organisationaler Umgang mit Fehlern

In der Sozialen Arbeit wird überwiegend die individuelle Haltung im Umgang mit Fehlern fokussiert (siehe u. a. Becker 2023). Doch diese ist durch das organisationale Umfeld, in dem sich Sozialarbeitende bewegen, bedingt (siehe Kapitel 3 in diesem Band).

Wie Organisationen optimal auf Fehler reagieren können, zeigt die Auseinandersetzung des Autor:innenteams Karl E. Weick und Kathleen M. Sutcliffe (2016) auf. Sie analysierten sogenannte High Reliability Organizations (HROs) – Organisationen, die absolut zuverlässig arbeiten müssen, wie z. B. Fluglots:innen oder Feuerwehrmannschaften. Auch einige Handlungsfelder der Sozialen Arbeit ließen sich hier zuordnen (z. B. Krisendienst, Bewährungshilfe, Case-Management). Weick und Sutcliffe arbeiten in ihren Ausführungen fünf Prinzipien achtsamen Organisierens heraus, die diesen Organisationen helfen (2016: Kapitel 3–7), nämlich:

- Konzentration auf Fehler
- Abneigung gegenüber Vereinfachung
- Sensibilität für betriebliche Abläufe
- Streben nach Resilienz
- Respekt vor Expertise

Ob solch ein optimaler Umgang gelingt, hängt von der vorherrschenden Fehlerkultur in einer Organisation ab. Die Fehlerkultur bezeichnet dabei die Art und Weise, wie Menschen in einem sozialen System mit Fehlern umgehen. Es wird unterschieden zwischen der *pathologischen*, der *bürokratischen* und der *generativen Fehlerkultur* (Biesel/Brandhorst 2023: 232f.).

In der pathologischen Fehlerkultur gibt es keinen offenen Umgang mit Fehlern. Diese werden entweder nicht wahrgenommen oder es werden, entgegen den Erkenntnissen der Fehlerforschung, ausschließlich Einzelpersonen für sie verantwortlich gemacht. In der bürokratischen Fehlerkultur ist zwar eine Bearbeitung von Fehlern anzutreffen, allerdings beschränkt sich diese überwiegend auf *aktive Fehler*, während die Aufarbeitung der *latenten Fehler* als störender Mehraufwand angesehen wird. Unter einem aktiven

Fehler ist eine Fehlhandlung zu verstehen, die von Sozialarbeitenden in der Praxis begangen wird, deren Auswirkungen unmittelbar spürbar sind (z. B.: ein:e Sozialarbeiter:in in einer Wohngruppe hat sich ihre:seine Schicht falsch notiert und kommt daher nicht, wie von den Kolleg:innen erwartet, zur Arbeit). Ein latenter Fehler wurde dagegen zeitlich und räumlich bereits lange, bevor dessen Auswirkungen deutlich werden, gemacht (beispielsweise eine Fehleinschätzung in der Budgetplanung und Beantragung von Mitteln). Solche Fehler ‚schlummern' dann schon länger im System und können aktive Fehler bedingen oder befördern (z. B. kann durch eine Fehlplanung im Budget in einem Projekt weniger Personal eingestellt werden als sachlich notwendig wäre, weshalb dem vorhanden Personal aufgrund von erhöhter Arbeitsbelastung und -verdichtung Fehler unterlaufen). Entsprechend kann bei latenten Fehlern meist keine Verantwortlichkeit zugewiesen werden, weshalb sie seltener bearbeitet werden.

Die generative Fehlerkultur zeichnet sich durch eigeninitiierte Auseinandersetzungen sowohl mit aktiven als auch mit latenten Fehlern im System aus. Aufgrund einer etablierten Vertrauensbasis und einer aktiven Fehleroffenheit werden Fehler als normal wahrgenommen. Dies begünstigt eine Atmosphäre, in der Fachkräfte sowohl über eigene Fehler als auch über wahrgenommene Fehler sprechen können und wollen, ohne negative Konsequenzen zu fürchten (ebd.: 234). Eine generative Fehlerkultur benötigt eine Führungskraft, die als Vorbild fungiert und die notwendigen Voraussetzungen in dem System etabliert und vorlebt (siehe Kap. 6 in diesem Band). Die Akzeptanz von Fehlern muss dann als Lernanlass genommen werden – nicht etwa, um alle Fehler zukünftig zu vermeiden, denn dies ist in sozialen Systemen nicht möglich (Brückner 2021: 3), sondern – um organisationale Praktiken und Entscheidungen zu hinterfragen und „für die Entwicklung von Alternativen zu nutzen" (Mensching 2024: 303).

IN A NUTSHELL: Professioneller Umgang mit Fehlern

Sozialarbeitende sind täglich mit Situationen konfrontiert, die ein unmittelbares Handeln erfordern, wobei Lösungsansätze oft unter Zeitdruck und ohne internen Austausch innerhalb des Teams entschieden werden müssen. Dies erhöht das Risiko von Fehlern. Darüber hinaus ist Soziale Arbeit durch ein sogenanntes Technologiedefizit gekennzeichnet, da es auf Grund der Individualität der Adressat:innen und der Offenheit menschlichen Handelns nicht möglich ist, mit einer bestimmten Maßnahme das gleiche Ergebnis zu erzielen, was das Risiko erhöht, dass Maßnahmen nicht greifen oder zu Klient:innen nicht passen. Dieses Kapitel soll dazu beitragen, das Verständnis und die Sensibilität für das Konzept der Fehlerprofessionalität zu vertiefen.

Literatur zur Vertiefung

Beushausen, Jürgen/Rusert, Kirsten/Stummbaum, Martin (Hrsg.) (2023): Fehlerkulturen in der Sozialen Arbeit. Orientierungshilfen auf dem Weg zu einer fehlerreflektierten Professionalität. Opladen: Verlag Barbara Budrich.

Spiegel, Hiltrud von/Sturzenhecker, Benedikt (2021): Methodisches Handeln in der Sozialen Arbeit. München/Basel: Ernst Reinhardt Verlag. 7. Aufl.

Quellen

Becker, Reiner (2023): Wenn Routinen versagen. In: Sozial Extra 47, 1, S. 22–27.

Biesel, Kay/Brandhorst, Felix (2023): Strategien für einen offenen Umgang mit Fehlern und Irrtümern in der Sozialen Arbeit. In: Beushausen, Jürgen/Rusert, Kirsten/Stummbaum, Martin (Hrsg.): Fehlerkulturen in der Sozialen Arbeit. Opladen/Toronto: Verlag Barbara Budrich, S. 229–237.

Biesel, Kay/Urban-Stahl, Ulrike (2022): Lehrbuch Kinderschutz. Studienmodule Soziale Arbeit. Weinheim/Basel: Beltz Juventa. 2. Aufl.

Biesel, Kay (2011): Wenn Jugendämter scheitern. Zum Umgang mit Fehlern im Kinderschutz. Bielefeld: transcript.

Brückner, Claudia (2021): Qualitätsmanagement und Fehlerkultur. Mit Fehlern gewinnbringend umgehen. München: Carl Hanser Verlag.

Compagna, Diego/Hammerschmidt, Peter/Stecklina, Gerd (Hrsg.) (2022): In welcher Welt leben wir? Zeitdiagnosen und Soziale Arbeit. Aktuelle Themen und Grundsatzfragen der Sozialen Arbeit. Weinheim/Basel: Beltz Juventa.

Hansen, Flemming (2009): Standards in der Sozialen Arbeit. Planung und Organisation, Band 7. Berlin: Eigenverlag des Deutschen Vereins für öffentliche und private Fürsorge e.V.

Kleve, Heiko (2023): Zwischen Hilfe und Nichthilfe – Die doppelte Normativität Sozialer Arbeit und ihre Fehleranfälligkeit. In: Beushausen, Jürgen/Rusert, Kirsten/Stummbaum, Martin (Hrsg.): Fehlerkulturen in der Sozialen Arbeit. Orientierungshilfen auf dem Weg zu einer fehlerreflektierten Professionalität. Opladen: Verlag Barbara Budrich, S. 151–159.

Mensching, Anja (2024): Gescheiter scheitern. Was kann die Soziale Arbeit in Wissenschaft und Praxis von der Organisationspädagogik lernen? In: Kessler, Stefanie/König, Karsten (Hrsg.): Scheitern in Praxis und Wissenschaft der Sozialen Arbeit. Reflexions- und Bewältigungspraktiken von Fehlern und Krisen. Weinheim: Beltz Juventa, S. 296–304.

Reason, James (2016): Organizational Accidents Revisited. London/New York: CRC Press Taylor & Francis Group.

Weick, Karl E./Sutcliffe, Kathleen M. (2016): Das Unerwartete managen. Wie Unternehmen aus Extremsituationen lernen. Stuttgart: Schäffer-Poeschel Verlag. 3. Aufl.

Welz, Torsten/Kluth, Karsten (2022): Evolution von Produktionskultur und Sicherheitskultur zu einer Ganzheitlichen Sicherheitsgerichteten Produktionskultur für KMU. In: Zeitschrift für Arbeitswissenschaft (ZfA) 5, 77, S. 337–349.

10.5 Sozialunternehmertum – eine Brücke zwischen Wirtschaft und Wohlfahrt?

THINK ABOUT before reading:

- Was unterscheidet Sozialunternehmen von klassischen Wohlfahrtsorganisationen?
- Was sind die Hintergründe für die Entwicklung des Sozialunternehmertums?
- Welche Möglichkeiten bietet Sozialunternehmertum und welche Herausforderungen bestehen aktuell?

Idee und Entwicklung des Sozialunternehmertums

Angesichts eines stetig wachsenden Bedarfs und damit verbundenen steigenden Ausgaben – bei gleichzeitig stagnierenden öffentlichen Einnahmen und Kostendruck – steht der Sozialsektor vor großen Herausforderungen. Vor diesem Hintergrund gewinnt die Idee des *Sozialunternehmertums* bzw. *Social Entrepreneurship*, innovative ökonomische Strategien zu nutzen, um primär soziale und gemeinnützige Ziele zu verfolgen, zunehmend an Bedeutung (Heinze/Schneiders/Grohs 2011: 87) (siehe auch Kapitel 3 in diesem Band). Ein Blick in die Vergangenheit zeigt jedoch, dass dieser Gedanke grundsätzlich nicht neu ist. Schon im 19. Jahrhundert gab es sozialunternehmerische Initiativen wie etwa die Genossenschaftsbewegung, die später in das wohlfahrtsstaatliche System eingebunden wurden. Seit den 1980er Jahren erleben wir eine Renaissance dieser Ideen, zunächst in Schwellenländern und im angelsächsischen Raum, ab den 2000er Jahren auch in Deutschland. Diese Entwicklung wird auch dadurch befördert, dass Non-Profit-Organisationen zunehmend nach neuen Finanzierungsquellen suchen, während Profit-Organisationen mehr soziale Verantwortung (sog. *Corporate Social Responsibility*) übernehmen und in ihre Marketingstrategien integrieren (Obuch/Grabbe 2019: 148; Stepanek 2018: 363).

Sozialunternehmertum vereint unternehmerisches Handeln mit dem Ziel, gesellschaftlichen Mehrwert zu schaffen. Es ist charakterisiert durch eine soziale Dimension mit einem explizit sozialen Ziel, eine unternehmerische Dimension mit kontinuierlicher wirtschaftlicher Tätigkeit und eine steuernde Dimension mit begrenzter Gewinnverteilung, autonomer Organisation und integrativer Führungsstruktur (Social Entrepreneur Netzwerk Deutschland 2020: 5). Zwar gibt es keine spezielle Rechtsform für Sozialunternehmen, aber bestimmte Modelle, wie zum Beispiel gemeinnützige GmbH oder Genossenschaften, erweisen sich als passend. Sozialunternehmen definieren sich zudem stark über die Motivation ihrer Akteur:innen, gesellschaftliche Probleme anzupacken, setzten auf innovative Lösungen für altbekannte Herausforderungen und streben nach einem institutionellen Wandel (Mair/Rathert 2021: 512).

Vier Beispiele aus Deutschland

Über die Jahre sind weltweit unzählige Sozialunternehmen entstanden und auch in Deutschland wächst ihre Zahl kontinuierlich. Einen guten Überblick über die bundesdeutschen Entwicklungen bietet der „Deutsche Social Entrepreneur Monitor“, der in regelmäßigen Abständen vom Social Entrepreneur Netzwerk Deutschland (2022) veröffentlich wird. Im Folgenden werden vier sehr unterschiedliche Beispiele für Sozialunternehmen vorgestellt:

Beispiele für deutsche Sozialunternehmen

Eines der bekanntesten Beispiele für Sozialunternehmertum in Deutschland ist **Viva con Agua**. Diese Non-Profit-Organisation, die 2006 ins Leben gerufen wurde, setzt sich für die Verbesserung der Wasserversorgung und sanitären Verhältnisse in Entwicklungsländern ein. Unter dem Motto „Wasser für alle – Alle für Wasser“ hat Viva con Agua einen kreativen Weg gefunden, ihre Projekte zu finanzieren. Neben Spenden und Kulturevents generiert die Organisation Einnahmen durch zwei eigene Unternehmen. Eines davon verkauft Mineralwasser unter dem Label „Viva con Agua", während das andere, „Goldeimer", ökologische Sanitäranlagen für Musikfestivals vermietet und umweltfreundliches Toilettenpapier vertreibt (Viva con Agua 2024).[12]

Das 2010 gegründete Sozialunternehmen **Quartiermeister** generiert durch den Verkauf von eigenem Bier und anderen Produkten Gewinne, die direkt in soziale Initiativen im jeweiligen Verkaufsgebiet in Deutschland investiert werden. Quartiermeister möchte auf diese Weise zur Verbesserung der Lebensqualität im Sozialraum beitragen und konzentriert sich dabei auf Nachbarschaftshilfe, Integration und sozialen Zusammenhalt. Beispielsweise fördert das Unternehmen das Projekt „Singasylum Dresden", einen Chor für junge Geflüchtete und Anwohner:innen aus der Nachbarschaft, indem es die Kosten für eine professionelle Chorleitung sowie Materialkosten für Noten übernimmt (Quartiermeister 2024).

Eine andere Geschäftsidee und inhaltliche Zielrichtung verfolgt **Social Bee**. Das 2015 gegründete Sozialunternehmen vermittelt Menschen mit Fluchthintergrund in den Arbeitsmarkt und fördert sie dabei mit Sprachkursen, berufsspezifischer Qualifizierung und sozialarbeiterischem Mentoring. Auf der anderen Seite unterstützt Social Bee Unternehmen dabei, geeignete Mitarbeitende zu finden, die dann entweder direkt vermittelt werden oder temporär von Social Bee an die Unternehmen überlassen werden. Darüber hinaus

12 Der Satiriker Jan Böhmermann kritisierte Viva con Agua im Jahr 2022 für die Zusammenarbeit mit dem Husumer Mineralbrunnen wegen fehlender Betriebsräte und nicht-tariflicher Bezahlung. Das Sozialunternehmen entgegnete, dass der Husumer Mineralbrunnen sich offen für eine Betriebsratsgründung zeige und sich am Tarifvertrag für Mineralbrunnen in Niedersachsen orientiere. Böhmermann stellte auch die Nachhaltigkeit des Verkaufs von Mineralwasser angesichts von trinkbarem Leitungswasser in Deutschland in Frage. Viva con Agua argumentierte, das Mineralwasser diene dem Sozialunternehmen als „flüssiger Flyer" zur Aufmerksamkeitsgewinnung und zur Förderung des ökologischen und sozialen Engagements des Unternehmens (Stern 2022).

berät Social Bee Unternehmen zu Diversity-Themen und unterstützt sie beim Aufbau eigener Qualifizierungsprogramme für Menschen mit Fluchtgeschichte (Social Bee 2024).

Auticon setzt wiederum auf die besonderen Fähigkeiten von Menschen im Autismus-Spektrum. Gegründet 2011, ist Auticon ein international tätiges IT- und Consulting-Unternehmen, das ausschließlich Menschen im Autismus-Spektrum als Berater:innen beschäftigt. Das Sozialunternehmen nutzt die oft außergewöhnlichen kognitiven Fähigkeiten dieser Menschen, wie z.B. eine besondere Aufmerksamkeit für Details und analytisches Denkvermögen, um spezialisierte Dienstleistungen im Bereich der Softwareentwicklung, Datenanalyse und Qualitätssicherung anzubieten. Auticon bietet nicht nur Arbeitsplätze, sondern möchte auch in den Unternehmen, für die es beraterisch tätig ist, ein Bewusstsein und Verständnis für Autismus schaffen (Auticon 2024).

Chancen und Herausforderungen des Sozialunternehmertums

Sozialunternehmen spielen mittlerweile durchaus eine Rolle bei der Lösung sozialer Probleme, besonders angesichts begrenzter öffentlicher Ressourcen. Sie operieren in verschiedenen Bereichen wie Bildung oder Umweltschutz und stoßen institutionellen Wandel an (Obuch/Grabbe 2019: 162). Social Entrepreneur:innen können insofern als „Katalysator:innen […] für gesellschaftlichen Wandel“ (Social Entrepreneur Netzwerk Deutschland 2020: 6) bezeichnet werden, da sie im Rahmen der freien Marktwirtschaft beispielsweise Beteiligungsmöglichkeiten für marginalisierte Bevölkerungsgruppen schaffen.

Doch es gibt auch Herausforderungen und Kritik. Bisher sind staatliche Förderprogramme oft nicht auf die Bedarfe von Sozialunternehmen zugeschnitten, weshalb Deutschland im internationalen Vergleich hinterherhinkt. Auch erweist sich die Messung der tatsächlichen gesellschaftlichen Wirkung von Sozialunternehmen als komplex, was die Rechtfertigung von Investitionen erschwert. In der Folge führt die Kombination von Marktmechanismen und sozialen Zielen nicht selten zu organisationalen Herausforderungen (Mair/Rathert 2021: 519). Ein anderer, grundsätzlicher Kritikpunkt betrifft die Übernahme von Aufgaben, die traditionell in der Verantwortung des Staates liegen, durch Sozialunternehmen, wie beispielsweise die berufliche Integration von Geflüchteten oder Menschen mit Behinderung. Aus sozialethischer Sicht wird auf die Gefahr hingewiesen, dass der Staat seine Verantwortung abgibt und essenzielle soziale Dienstleistungen zunehmend von der Effizienz und dem Erfolg privater Initiativen abhängen. Dies kann zu einer Ungleichheit in der Versorgung führen und die soziale Gerechtigkeit gefährden (Burmester/Wohlfahrt 2016: 16).

Zusammenfassend kann Sozialunternehmertum als sinnvolle Ergänzung der Aktivitäten staatlich finanzierter sozialer Organisationen betrachtet werden. Angesichts komplexer nationaler wie globaler Herausforderungen erscheint es einerseits sinnvoll, dass sich innerhalb der freien Marktwirtschaft und Ökonomie ein Verantwortungsbewusstsein für soziale und ökologische Probleme entwickelt (siehe das Phänomen der Postwachstumsökonomie im Kapitel Nachhaltigkeit und Gemeinnützigkeit in diesem Band). Andererseits kann auch das Management klassischer Wohlfahrtsorganisationen von der Auseinandersetzung mit den Strategien und Handlungsweisen des Sozialunternehmertums profitieren (Stepanek 2018: 360; Gergs 2011: 184).

IN A NUTSHELL: Sozialunternehmertum

Sozialunternehmertum verbindet unternehmerisches Handeln mit sozialem Mehrwert. Die Unternehmen nutzen innovative Strategien, um soziale Herausforderungen anzugehen, während sie gleichzeitig wirtschaftlich nachhaltig agieren. Trotz ihres Beitrags zur Lösung gesellschaftlicher Probleme stehen sie vor Herausforderungen wie Finanzierungsengpässen und der Balance zwischen Marktmechanismen und sozialen Zielen.

Literatur zur Vertiefung

Grillitsch, Waltraud/Brandl, Paul/Schuller, Stephanie (Hrsg.) (2018): Gegenwart und Zukunft des Sozialmanagements und der Sozialwirtschaft. Wiesbaden: Springer VS.

Hackenberg, Helga/Empter, Stefan (Hrsg.) (2011): Social Entrepreneurship – Social Business: Für die Gesellschaft unternehmen. Wiesbaden: Springer VS.

Quellen

Auticon (2024): Nutzen Sie das Potenzial von Autist*innen. https://www.auticon.com/de [Zugriff: 11.03.2024].

Burmester, Monika/Wohlfahrt, Norbert (2016): Soziale Innovationen – ein neues Konzept sozialer Dienstleistungsproduktion und seine Folgen für die Sozialwirtschaft. In: Sozialer Fortschritt 65, 1/2, S. 16–24.

Gergs, Hans-Joachim (2011): Ende des Sozialmanagements und Aufstieg des Social Entrepreneurship? Führung sozialer Unternehmen im 21. Jahrhundert. In: Hackenberg, Helga/Empter, Stefan (Hrsg.): Social Entrepreneurship – Social Business: Für die Gesellschaft unternehmen. Wiesbaden: Springer VS, S. 173–188.

Heinze, Rolf G./Schneiders, Katrin/Grohs, Stephan (2011): Social Entrepreneurship im deutschen Wohlfahrtsstaat – Hybride Organisationen zwischen Markt, Staat und Gemeinschaft. In: Hackenberg, Helga/Empter, Stefan (Hrsg.): Social Entrepreneurship – Social Business: Für die Gesellschaft unternehmen. Wiesbaden: Springer VS, S. 86–102.

Mair, Johanna/Rathert, Nikolas (2021): Sozialunternehmertum. In: Blättel-Mink, Birgit/Schulz-Schaeffer, Ingo/Windeler, Arnold (Hrsg.): Handbuch Innovationsforschung. Sozialwissenschaftliche Perspektiven. Wiesbaden: Springer VS, S. 509–524.

Obuch, Katharina/Grabbe, Christina (2019): Sozialunternehmertum und Social Entrepreneurship in Deutschland: Change Maker im Kommen? In: Freise, Matthias/Zimmer, Annette (Hrsg.): Zivilgesellschaft und Wohlfahrtsstaat im Wandel. Akteure, Strategien und Politikfelder. Bürgergesellschaft und Demokratie. Wiesbaden: Springer VS, S. 143–168.

Quartiermeister (2024): Zum Wohle aller. https://www.quartiermeister.org [Zugriff: 11.03.2024].

Social Bee (2024): Flüchtlinge und Migrant:innen einstellen oder selbst einen Job finden. https://www.socialbee.org [Zugriff: 11.03.2024].

Social Entrepreneur Netzwerk Deutschland e. V. (2022): 4. Deutscher Monitor 2021/2022. https://www.send-ev.de/wp-content/uploads/2022/04/4_DSEM_web.pdf [Zugriff: 11.03.2024].

Social Entrepreneur Netzwerk Deutschland e. V. (2020): Sozialunternehmertum – Transformationskraft für eine sozial-solidarische Wirtschaft. Anny-Klawa-Morf Stiftung (Hrsg.). https://www.send-ev.de/wp-content/uploads/2021/03/AKM_Studie_Sozialunternehmertum_Okt.2020_Web.pdf [Zugriff: 11.03.2024].

Stepanek, Peter (2018): Das neue wirtschaftliche Selbstverständnis im Management hybrider Organisationen am Beispiel Social Entrepreneurship. In: Grillitsch, Waltraud/Brandl, Paul/Schuller, Stephanie (Hrsg.): Gegenwart und Zukunft des Sozialmanagements und der Sozialwirtschaft. Wiesbaden: Springer VS, S. 359–381.

Stern (2022): Jan Böhmermann attackiert Viva con Agua – das sagt einer der Gründer dazu. https://www.stern.de/gesellschaft/viva-con-agua--kritik-von-jan-boehmermann---der-gruender-im-interview-32696298.html [Zugriff: 11.03.2024].

Viva con Agua (2024): Water is a human right. https://www.vivaconagua.org [Zugriff: 11.03.2024].

10.6 Gestalten sozialer Innovationen

THINK ABOUT before reading:

- Was sind soziale Innovationen?
- Warum brauchen wir in der Sozialen Arbeit und allgemein in der Gesellschaft soziale Innovationen?
- Wie können erfolgreiche soziale Innovationen in unserer Sozialen Organisation implementiert werden?
- Welche Innovationen sind Ihnen bereits im beruflichen Alltag begegnet?

Die Soziale Arbeit definiert soziale Innovationen als „neuartige Konzepte, Verfahren und Organisationsformen“, die auf „neuem oder neu kombiniertem Wissen“ basieren und in „intendierten und kooperativen Prozessen entwickelt“ werden (Parpan-Blaser 2011: 121). Das Neue zeigt sich hier in Form sozialer Praktiken und nicht wie im Verständnis wirtschaftlicher oder technischer Innovationen in Form von Produkten oder Anwendungen (Howaldt/Schwarz 2021: 257). Soziale Innovationen sollen einen „Mehrwert“ (Parpan-Blaser 2011: 121) für die Adressat:innen erzeugen. Oder, anders ausgedrückt, sind soziale Innovationen in der Sozialen Arbeit darauf ausgerichtet, positive Veränderungen für die Menschen zu bewirken, indem sie auf ihren tatsächlichen Bedürfnissen aufbauen.

Ziele Sozialer Innovationen im Kontext Sozialer Arbeit (Mircrosoft corporation 2023[13])

1. Eine Verbesserung ihrer Dienstleistungen: Mithilfe sozialer Innovationen sollen die Qualität und Effizienz der Dienstleis-

13 Passend zum Thema Innovation wurde in diesem Kapitel versuchsweise in der Recherche mit der KI-Software CoPilot gearbeitet. Die von der KI generierten Quellen zum Prompt waren im Detail nicht nachvollziehbar, weshalb

tungen erhöht werden. Soziale Innovationen könnten hier z. B. sein: neue Ansätze und Technologien in der Praxis oder eine Veränderung der Organisationsstrukturen wie die Expansion von Sozialunternehmertum.

2. Eine Stärkung sozialer Teilhabe: Innovative Lösungen sollen dazu beitragen, dass Menschen besser in die Gesellschaft eingebunden sind; beispielsweise durch partizipative Ansätze oder neue Formen der Zusammenarbeit.
3. Förderung von Empowerment: Innovative Ansätze sollen Menschen befähigen, ihre eigenen Ressourcen zu nutzen und ihre Lebenssituation aktiv zu gestalten. Dies kann durch Bildung, Beratung oder Selbsthilfeangebote erfolgen.
4. Frühe Erkennung sozialer Probleme und Ergreifen präventiver Maßnahmen: Soziale Innovationen sollen dazu beitragen, soziale Probleme frühzeitig zu erkennen und daraufhin präventive Maßnahmen einzuleiten, um negative Entwicklungen zu vermeiden.
5. Beachtung von Nachhaltigkeit: Soziale Innovationen sollen langfristig wirksam sein und an sich verändernde Bedingungen angepassten werden können.
6. Erreichen sozialer Gerechtigkeit: Soziale Innovationen sollen dazu beitragen, gesellschaftliche Strukturen positiv zu beeinflussen und soziale Gerechtigkeit zu fördern.

Die Förderung sozialer Innovationen ist auch in der Politik ein zentrales Anliegen, um gesellschaftliche Herausforderungen wie beispielsweise den demographischen Wandel, den Fachkräftemangel, die Schaffung gleichwertiger Lebensverhältnisse in Stadt und Land etc. anzugehen und Lösungen zu entwickeln (Kessler/Beutler 2023). Die Entwicklung sozialer Innovationen soll der Lebensqualität der Menschen, aber auch der Wirtschaft zugutekommen.

---

hier der entsprechende Prompt als Grundlage hinterlegt wurde. Der von CoPilot generierte Text wurde überarbeitet und ergänzt.

Wie hier deutlich wird, warten weder Politik noch Soziale Arbeit darauf, dass sich ein sozialer Wandel von selbst vollzieht. Er wird vielmehr mit dem Konzept sozialer Innovationen aktiv gesteuert und vorangetrieben (Schröer 2023: 14).

Grundlegend voneinander unterscheiden lassen sich sogenannte „inkrementelle Innovationen“ und „radikale[…] Innovationen“ (ebd.: 15). Inkrementelle Innovationen sind neue Entwicklungen, die auf bestehendem Wissen aufbauen und beispielsweise Ansätze in der Arbeit mit Klient:innen weiterentwickeln. Im konkreten Fall bedeutet dies, dass Sozialarbeitende, wenn das von ihnen in einem Jugendzentrum gestaltete Angebot von den Besucher:innen nicht angenommen wird, gemeinsam mit diesen überlegen, wie man das Angebot attraktiver machen kann. Daher wird diese Form der Innovation auch als „Verbesserungsinnovation“ (Gillwald 2000: 16) oder als „soziale Evolution“ (Howaldt/Schwarz 2021: 250) bezeichnet. Radikale Innovationen sind dagegen neue Lösungen, die zuvor in dem Arbeitsfeld noch keine Anwendung gefunden haben. Es handelt sich um neue, richtungsweisende soziale Praktiken und Ansätze. Zum Beispiel war es in den 1990er ein neuer Ansatz für die außerschulische Jugendbildung mit Projekttagen an Schulen zu gehen; zuvor fanden außerschulische Bildungsangebote dem Namen gemäß nur außerhalb der Schule statt. Heute hat sich diese Praxis etabliert.

Entwicklung Sozialer Innovationen

Das Konzept der Entstehung sozialer Innovationen orientiert sich stark an der in der Technik und Wirtschaft vorherrschenden Vorstellung eines linearen Phasenmodells. Es umfasst die Phasen „Bedarfserkundung, Lösungsentwicklung, Prototypenentwicklung, Implementierung und Verbreitung“ (Schröer 2023: 19 in Anlehnung an Murray et al. 2010). Katrin Gillwald fasst die Phasen stärker zusammen als „Invention, Innovation und Diffusion“ (Gillwald 2000: 31) und verweist darauf, dass diese Begriffe in der Entwicklung sozialer Innovationen zwar ebenfalls vorkommen, konzeptionell jedoch etwas anderes darunter gefasst wird (ebd.: 31).

Während Erfindungen in Technik und Wirtschaft meist durch strukturierte Forschung und Entwicklung vorangetrieben werden (Zufallserfindungen sind eher selten), werden Ideen in der Sozialen Arbeit meist nicht durch Forschung, sondern im Zuge der Praxis entwickelt (ebd.: 32). Ideen entstehen häufig ausgehend von einem Bedarf, d.h. eines fehlenden Angebots, nicht ausreichend umgesetzter Rechte (wie beispielsweise der UN-Kinderrechte) oder bisher nicht ausreichend wahrgenommener Anliegen einer Zielgruppe (Hüttemann/Parpan-Blaser 2015: 137f.). Um diesem Bedarf zu begegnen, braucht es in der Praxis professionelles wie lokales Wissen, um diese richtig zu deuten und das Potenzial für Innovationen zu erkennen (ebd.: 138). Die Gestaltung von Prototypen entspricht in der Sozialen Arbeit die Konzeption modellhafter Ansätze und Praktiken, die dann in der Arbeit mit Klient:innen ausprobiert werden und sich dort bewähren müssen. Denn solange sie nur auf dem Papier stehen, sind es zwar Ideen, aber noch keine Innovationen. Auch werden neue Ansätze wahrscheinlich nicht gleich im ersten Anlauf erfolgreich sein, sondern müssen nachgebessert und überarbeitet werden. Gemäß Anne Parpan-Blaser (2018: 253) verlaufen Innovationsprozesse daher nicht linear wie in Wirtschaft oder Technik, sondern als zirkulärer und suchender Prozess.

Die Entwicklung sozialer Innovationen erfolgt eingebettet im Rahmen Sozialer Organisationen (siehe Kapitel 2 in diesem Band). Dabei können sie sich auf die Organisationen selbst beziehen (z.B. Entwicklung neuer Organisationsstrukturen, Veränderung der Organisationskultur) oder aber Soziale Organisationen werden „als Ort und Modus der Hervorbringung […] verstanden“ (Schröer 2023: 15). Fokussiert werden soll hier, wie Soziale Organisationen die Entstehung sozialer Innovationen forcieren und unterstützen können. Andreas Schröer (2023: 24) sieht genau hier die Herausforderung für Soziale Organisationen, da Innovationsprozesse nicht unbedingt einem für Organisationen typischen strukturierten Vorgehen entsprechen. Auch in Sozialen Organisationen haben „Steuerungslogiken an Bedeutung gewonnen“ (Parpan-Blaser 2018: 253), weshalb die Notwendigkeit für Innovationen fundiert begründet werden müsse. Anderenfalls würden Innovationsprozesse intern durch Leitung und Vorstand sowie extern durch Fördermittelgeber nicht ausreichend unterstützt (ebd.: 254). Zugleich muss ein Verständnis dafür geschaffen werden, dass Innovationsprozesse „grundsätzlich ergebnisoffen“ (ebd.: 254) sind und deshalb auch scheitern können.

Die folgenden organisationalen Rahmenbedingungen können Innovationsprozesse unterstützen (Parpan-Blaser 2018: 258–262; Schröer 2023: 16f.):

- *Zeit:* Mitarbeitende und Teams brauchen vor allem zeitliche Kapazitäten, um Probleme zu identifizieren und darüber nachzudenken, wie sie angegangen und gelöst werden können. Sind Mitarbeitende voll und ganz eingenommen vom Tagesgeschäft, erschwert dies Innovationsprozesse.
- *Motivation:* Da es im Sozialwesen aber oft an Zeit mangelt, braucht es zum Ausgleich motivierte Mitarbeitende, die bereit sind, auch mal nach Feierabend Ideen weiterzuspinnen.
- *Kooperation:* Förderlich ist die Arbeit in multiprofessionellen Teams, um Probleme aus verschiedenen Perspektiven interdisziplinär zu betrachten; das Verharren in der eigenen Professionsperspektive kann zuweilen hinderlich sein. Durch den Austausch von Wissen können neue Ideen entstehen. Auch das Gespräch mit Klient:innen kann dazu beitragen, Probleme aus einem anderen Blickwinkel zu betrachten. Zum einen können so ihre Anliegen wahrgenommen und auf diese reagiert werden; zum anderen kann gerade die Nutzungserfahrung der Klient:innen dazu beitragen, Dienstleistungen grundlegend zu verbessern.
- *Organisationskultur:* Haben Mitarbeitende das Gefühl, dass sie auch mal unausgereifte Ideen einbringen und diskutieren können, werden sie sich eher einbringen. Das setzt eine offene, partizipative Organisationskultur voraus. Im späteren Prozess kann dagegen eine strukturierte, kohärente Kultur ein klares Vorgehen in der Implementierung unterstützen. Wichtig ist in allen Prozessphasen ein konstruktiver Umgang mit Konflikten in Teams.

- *Raum für Kreativität und Experimentieren:* Innovationen erfordern kreative Ansätze. Soziale Organisationen sollten Raum für Experimente bieten (z. B. Experimentier- oder Innovationslabore, Modellprojekte), um neue Ideen auszuprobieren und zu testen.

Diese förderlichen Rahmenbedingungen können von Sozialen Organisationen gezielt unterstützt werden, um die Innovationsfähigkeit zu stärken (Parpan-Blaser 2018: 259). Zuträglich für die Förderung einer Innovationskultur ist gemäß Parpan-Blaser zum einen die Auswahl passenden Personals sowie dessen kontinuierliche Weiterbildung. Und zum anderen braucht es eine organisationsinterne Implementierung von „Freiräumen zum Querdenken", „Gelegenheiten für Vernetzung" (ebd.: 260) und eines konstruktiven Umgangs mit Fehlern als Grundlage für das Erzeugen neuer Ideen. Diese Strategien verweisen zurück auf die Grundannahme, dass „Veränderung nicht verordnet werden kann, sondern ihren Ursprung [...] an der Mitarbeiterbasis hat" (ebd.: 260).

Ideen oder und aus ihnen folgende Innovationen können aus unterschiedlichen Gründen scheitern (ebd.: 264). Wenn man einen ungünstigen Zeitpunkt trifft, kann die Idee nicht, wie geplant, getestet werden. So wird es vielen während der Corona-Pandemie gegangen sein. Neue Ansätze und Verfahren, die einen Präsenzkontakt mit der Zielgruppe vorsahen, konnten hier höchstwahrscheinlich nicht mehr umgesetzt werden. Eine weitere Ursache könnte darin liegen, dass Klient:innen ihr Anliegen nicht ausreichend verständlich verdeutlicht haben und hierdurch Bedarfe und Problemlagen falsch eingeschätzt wurden. Dadurch passen die entwickelten Ideen nicht zur Ausgangssituation und scheitern in der Testphase. Neue Konzepte können auch an der Konkurrenzsituation mit anderen bei der Beantragung von Fördermitteln scheitern, d. h., die Anträge können abgelehnt werden, sodass eine Umsetzung nicht mehr möglich ist und das Konzept in der Schublade verschwindet.

Anne Parpan-Blaser und Matthias Hüttemann haben in einem Forschungsprojekt darüber hinaus folgende Faktoren für ein Scheitern identifiziert: „keine gesellschaftliche oder politische

Unterstützung, fachlich begründete oder prozessbedingte Widerstände, kein ausreichender Nachweis von Wirksamkeit in der Umsetzung" (Parpan-Blaser 2018: 264). Ein Beispiel für eine Innovation, für die es an gesellschaftlicher und politischer Unterstützung mangelt, ist der Ansatz Housing First (Busch-Geertsema 2011). Die Idee ist, dass wohnungs- und obdachlosen Menschen ohne Bedingungen eine Wohnung zur Verfügung gestellt und damit ihr Menschrecht auf ein sicheres Zuhause gewährleistet wird. Bisher wird die Vermittlung einer Wohnung an Bedingungen geknüpft, wie beispielsweise einen Entzug zu machen und keine Drogen mehr zu konsumieren. Dabei gilt die Maxime, dass Menschen sich zuerst anstrengen sollten, bevor sie eine Wohnung bekommen. Dies findet gesellschaftlichen Widerhall; entsprechend groß ist die Kritik an Housing First.

Daraus schließen die Autor:innen, dass Innovationsprozesse immer entsprechend den organisationsspezifischen Bedingungen zu gestalten sind, unter Einbezug einer ausführlichen Analyse der organisationsinternen wie -externen Ausgangslage (ebd.: 266). Im nächsten Abschnitt kommen wir nun zur Frage, wie sich vielversprechende, in der Praxis erprobte Innovationen verbreiten.

Diffusion sozialer Innovationen

Die Diffusion oder Verbreitung einer sozialen Innovation steht am Ende eines Innovationsprozesses. Zu diesem Zeitpunkt haben sich die neuartigen Konzepte, Verfahren oder Ansätze bereits in der Praxis der Sozialen Organisation, die diese entwickelt hat, bewährt. In Wirtschaft und Technik besteht ein natürliches Interesse, auf ein Produkt oder eine Anwendung, das bzw. die gerade auf den Markt gebracht wird, aufmerksam zu machen, um den Verkauf an möglichst viele Menschen zu fördern. Im sozialen Bereich kann man damit nicht unbedingt rechnen, da es oft um die Bewältigung lokaler Problemlagen geht und kein Interesse besteht, die Innovationen jenseits des lokalen Kontextes zu verbreiten (Brandsen 2014: 14). Sofern die Entwicklung gefördert wurde, kann jedoch eine entsprechende Auflage von Fördermittelgebenden bestehen, zur Verbreitung aktiv zu werden. Bestenfalls berichtet also eine

Soziale Organisation über ihre neue, erfolgreiche Praxis, sodass andere Träger, Einrichtungen oder Sozialunternehmen auf diese aufmerksam werden.

Angenommen, eine Einrichtung der Suchthilfe in Hannover erfährt von einem innovativen Ansatz in der Arbeit mit Suchtgefährdeten eines Trägers aus Nijmegen in den Niederlanden. Sie will den Ansatz gern in die eigene Präventionsarbeit übernehmen und Mitarbeitende fahren daher nach Nijmegen, um sich die Praxis ihrer Kolleg:innen vor Ort anzuschauen und mehr darüber zu erfahren. Vor Ort realisieren sie, dass die Umsetzung in ihrer Praxis vielleicht schwer werden könnte.

Im Gegensatz zu wirtschaftlichen und technischen Innovationen, die meist auf die Entwicklung neuer Produkte ausgerichtet sind, die schnell Verbreitung finden können, ist die Diffusion sozialer Innovationen schwieriger (Brandsen 2014: 55). Soziale Innovationen sind oftmals stark an einen bestimmten lokalen Kontext gebunden, verflochten mit „sozialen und kulturellen Gegebenheiten und Handlungsabläufen“ (Gillwald 2000: 33) innerhalb der Entwicklerorganisation und in ihrer Praxis mit den Klient:innen. Die Übernahme von Innovationen erfordert daher vielfache Anpassungen, die minimal sein können. Sie können aber auch derart groß sein, dass dann von „Folgeinnovationen“ (ebd.: 33) gesprochen wird. Der Grund dafür liegt darin, dass diejenigen, die Interesse an einer Innovation haben – wie die Einrichtung für Suchthilfe in Hannover – ebenfalls lokal agieren und den innovativen Ansatz aus der Präventionsarbeit des Trägers aus Nijmegen erst einmal an die Gegebenheiten vor Ort in Hannover anpassen muss. Das betrifft nicht nur andere rechtliche Vorgaben oder eine lokal unterschiedliche Ausstattung mit finanziellen wie personellen Ressourcen, sondern vor allem die Zielgruppe. Gerade in der Sozialen Arbeit haben wir es mit schwierigen sozialen Problemlagen und Menschen in prekären Lebenslagen zu tun (Brandsen 2014: 56), wodurch komplexe Bedarfe entstehen. Das heißt, auch die Übernahme einer bereits anderswo erfolgreichen Innovation erfordert, die Ausgangslage genau zu analysieren und die neuartige Praxis daraufhin anzupassen.

Daher ist es bei sozialen Innovationen eine Ausnahme, wenn diese unverändert in einen neuen Kontext transferiert werden (Brandsen 2014: 56). Taco Brandsen nimmt vielmehr an, dass erfolgreiche Innovationen anderen Sozialen Organisationen als Inspiration dienen, sie diese dann jedoch sehr bedacht in ihre eigenen Kontexte übersetzen müssen. Die Anpassungsleistung gleicht einem eigenen, neu beginnenden Innovationsprozess (ebd.: 57).

IN A NUTSHELL: Soziale Innovationen

Soziale Innovationen sind neuartige Konzepte, Verfahren und Ansätze, die sich auf Soziale Organisationen selbst beziehen oder in ihnen entwickelt werden. Sie werden ausgehend von sozialen Problemlagen und Bedarfen gestaltet. Im Vergleich zu wirtschaftlichen und technischen Innovationen erfolgt ihr Entwicklungsprozess nicht linear, sondern suchend und zirkulär. Ihre Verbreitung ist herausfordernd.

Literatur zur Vertiefung

Wunsch, Michael/Heilig, Birgit (2023): Soziale Innovationen. Lösungen, wie wir sie heute wirklich brauchen. München: oekom verlag.

Kopf, Hartmut/Müller, Susan/Rüede, Dominik/Lurtz, Kathrin/Russo, Peter (Hrsg.) (2015): Soziale Innovationen in Deutschland. Von der Idee zur gesellschaftlichen Wirkung. Wiesbaden: Springer VS.

Quellen

Busch-Geertsema, Volker (2011): „Housing First", ein vielversprechender Ansatz zur Überwindung von Wohnungslosigkeit. In: Widersprüche: Zeitschrift für sozialistische Politik im Bildungs-, Gesundheits- und Sozialbereich 31, 121, S. 39–54.

Brandsen, Taco (2014): Herausforderungen der Diffusion sozialer Innovationen. In: Forschungsjournal Soziale Bewegungen 2, 27, S. 50–59.

Gillwald, Katrin (2000): Konzepte sozialer Innovation. WZB Discussion Paper, No. P 00–519, Berlin: Wissenschaftszentrum Berlin für Sozialforschung (WZB). http://hdl.handle.net/10419/50299 [Zugriff 11.03.2024].

Howaldt, Jürgen/Schwarz, Michael (2021): Soziale Innovation. In: Blättel-Mink, Birgit/Schulz-Schaeffer, Ingo/Windeler, Arnold (Hrsg.): Handbuch Innovationsforschung. Sozialwissenschaftliche Perspektiven. Wiesbaden: Springer VS, S. 247–262.

Hüttemann, Matthias/Parpan-Blaser, Anne (2015): Wie Innovation in der Sozialen Arbeit entsteht. In: Wüthrich, Bernadette/Amstutz, Jeremias/Fritze, Agnès (Hrsg.): Soziale Versorgung zukunftsfähig gestalten. Wiesbaden: Springer VS, S. 135–141.

Kessler, Stefanie/Beutler, Adrian (2023): Der Transfer sozialer Innovationen: Eine kritisch-rekonstruktive Auseinandersetzung mit dem Transferverständnis im Diskurs zu ‚sozialen Innovationen'. In: Mensching, Anja/Engel, Nicolas/Fahrenwald, Claudia/Hunold, Martin/Weber, Susanne Maria (Hrsg.): Organisation zwischen Theorie und Praxis. Jahrbuch der Sektion Organisationspädagogik. Organisation und Pädagogik, Band 32. Wiesbaden: Springer VS, S. 303–317.

Microsoft corporation (2023): CoPilot (Version März 2024). https://copilot.microsoft.com (Prompt: Was sind Ziele sozialer Innovationen in der Sozialen Arbeit?) [Zugriff 09.03.2024].

Parpan-Blaser, Anne (2018): Steuerung und Gestaltung von Innovationsprozessen. In: Eurich, Johannes/Glatz-Schmallegger, Markus/Parpan-Blaser, Anne (Hrsg.): Gestaltung von Innovationen in Organisationen des Sozialwesens. Rahmenbedingungen, Konzepte und Praxisbezüge. Wiesbaden: Springer VS, S. 253–274.

Parpan-Blaser, Anne (2011): Innovationen in der Sozialen Arbeit. Zur theoretischen und empirischen Grundlegung eines Konzepts. Wiesbaden: VS Verlag für Sozialwissenschaften.

Schröer, Andreas (2023): Soziale Innovationen in, von und zwischen Organisationen. In: Schröer, Andreas/Blättel-Mink, Birgit/Schröder, Antonius/Späte, Katrin (Hrsg.): Soziale Innovationen in und von Organisationen. Sozialwissenschaftliche Studien zur Transformation von Organisation. Sozialwissenschaften und Berufspraxis. Wiesbaden: Springer VS, S. 13–29.